서울의 봄

18년간 집권한 절대권력이 사라졌다.

그러나 희망찬 새 시대는 오지 않았고

권력의 빈자리를 탐내는 자들은

더 짙은 어둠을 끌고 왔다.

그해 겨울,

철저히 감춰졌던 그 이야기다.

차례

월일	수신	발신

각본 021

145. 몽타주 : 패자 VS 승자 / 밤
이태신 : 나는 대한민국 군인으로서!
　　　　(총을 다시 들다가 주변을 본다)

아.........적막하다. 수많은 병력과 차량, 불빛이
가득한데, 세상 한복판에 이태신 혼자 서 있다.

이태신 : 그리고 인간으로도!
　　　　(두광을 응시하며) 자격이 없어.
전두광 : !!

　을 내리는 이태신.. 말없이 응시하는 전두광..
체포조가 태신을 에워싼다. 천천히 돌아서는
사령관의 눈매를 마주 보지 못하는 허병들

컨셉아트 307

스태프 319

배우 335

인터뷰 347

작가의 말

일 자 : 2024. ██. ██

발 신 : 홍인표, 홍원찬, 이영종, 이지민

수 신 :

〈서울의 봄〉 기획을 처음 들었을 때의 서늘한 흥분을 기억합니다.

화면 속 아쉬움이 현실로 확장되는 뼈아픈 경험을 주는 영화. ████████

████████████ 그날에 대해 사무쳤던 감정이 제대로 전달될 수 있도록

실화를 정리하며 영화적인 구조를 세웠습니다.

악역이 승리하는 순간을 담은 이야기임에도, 이 영화는 결국 잘될

것이라는 믿음이 늘 있었습니다. ██████████████████

편집본을 보자 그 믿음이 확신이 되었습니다.

이 각본을 승리의 기록이 아닌 숭고한 패전의 송사로 완성해 주신

작가님들과 감독님, 배우분들과 스태프분들, 하이브미디어코프 대표님과

임직원분들, ██████████████ 그리고 영화를 보시고 같이 분노하고 또

사랑해 주신 관객분들에게 이 지면을 빌려 감사를 전합니다.

- -

작가 | 홍인표

148mm × 210mm (80g/m²)

〈서울의 봄〉은 대한민국 현대사의 가장 뜨거웠던 한순간을 다루고 있습니다. ▓▓▓▓▓▓▓▓▓▓▓▓▓▓▓▓▓ 제가 아는 가장 뜨거운 영화를 만드는 김성수 감독님과 가장 뜨거운 연기를 보여주는 황정민, 정우성 배우들이었기에 이 영화가 관객들의 많은 사랑을 받을 수 있었다고 생각합니다. 이 자리를 빌려 그분들에게 박수를 보냅니다.

　　그리고 너무 뜨거워 모두가 손대기 주저하는 이 무거운 사건을 구상하고 영화로 세상에 꺼내어 놓은 하이브미디어코프 김원국 대표님께도 박수를 보내드립니다. ▓▓▓▓▓▓▓▓▓▓▓▓▓

　　시나리오는 수많은 스태프와 배우들의 노고가 더해져야지만 비로소 완성에 이를 수 있는 미완의 결과물입니다. ▓▓▓▓▓▓▓▓▓▓▓ 미완의 창작물을 너무나 훌륭한 작품으로 완성시켜 주신 다른 모든 스태프와 배우들께도 감사의 말씀 전합니다.

- -

| 작 가 | 홍 원 찬 |

　　　　　　　　　　　　　　　148mm × 210mm (80g/m²)

마지막에 범인이 잡히지 않는 스릴러는 허탈하지 않을까? 한국에서
동성애 소재가 많은 관객의 공감을 얻을 수 있을까?

〈살인의 추억〉, 〈왕의 남자〉 같은 영화들 속에서 기어코 관객을
설득하고 마는 그 순간. ██████████████████████ 그 순간에
작동하는 강력한 영화의 힘을 나는 항상 동경했었다.

주로 나이 든 남자들, 심지어 군인이 인물의 대부분인 영화가 다양한
관객과 만날 수 있을까? 실패의 역사를 굳이 경험하게 하는 것이 관객에게
남기는 감정은 좌절감뿐 아닐까?

██████ 〈서울의 봄〉이 다루는 역사적 사건들은 나에게 그런
불안을 안겨주기에 충분했다. 그럼에도 영화의 힘을 믿었기에 차곡차곡 신을
채워 마무리할 수 있었던 것 같다. 김성수 감독님, 김원국 대표님과 열연해
주신 배우들, 제작진의 땀방울이 모여 내가 가졌던 모든 우려를 상쇄하는
거대하고 역동적인 설득이 완성되었다고 생각한다. ████████████
████████████████████ 거기에 손 하나를 보탰음에, 참으로 많은
관객들이 보아주셨음에 영광이고 감사할 따름이다.

- -

작 가 | 이 영 종

대본 작업을 했다 해도 영화를 볼 때는 지도 밖을 여행하는 기분이다.
이미 아는 길을 가는데 모험 속에 던져진 벅차오름이 있다.
██████████████████████ 〈서울의 봄〉이 그랬다.

감독님과 제작진의 열정, 무엇보다 실화 속에서 신념을 지킨 분들의
헌신 덕분이리라. ██████████████████

멋진 작품에 참여하게 돼 영광이다.

- -

| 작 가 | 이 지 민 |

감독의 말

일 자 : 2024. ▉. ▉

발 신 : 김성수

수 신 :

열아홉 살 때 나는 동네 옥상에 납작 수그린 채 총소리를 들었다.

79년 12월 12일 저녁, 커다란 망치로 밤하늘을 힘껏 두드리듯 총성은 무섭게 울려 퍼졌다. ▉▉▉▉▉▉▉▉▉▉▉▉▉▉ 다음 날 신문에는 육군참모총장이 한남동 공관에서 연행되는 와중에 사소한 시비가 있었다는 기사가 올라왔고, 그게 알려진 전부였다. 그 후로 오랫동안 그 겨울밤에 무슨 일이 벌어졌는지 완벽하게 은폐되었다.

▉▉▉▉▉▉▉▉▉▉▉ 17년이 지난 뒤 반란 세력 주동자들이 법정에 세워졌을 때 군사반란의 전모가 드러났다. 불과 하룻밤 동안에 우리 국군 지휘부가 어떻게 무너졌는지를 온 국민이 낱낱이 알게 되었고, 나 역시 깊은 탄식과 함께 주체할 수 없는 분노에 휩싸였다. ▉▉▉▉▉▉▉▉▉▉

그로부터 24년이 더 흘렀고, 시나리오 한 권이 내게 전달되었다. 그 각본이 바로 〈서울의 봄〉이다. 12.12 군사반란의 숨 막히는 전개 과정이 생생하고 박진감 있게 묘사된 훌륭한 시나리오였다. 하지만 시나리오를 손에 쥔 채 한참을 망설였다. ▉▉▉▉▉▉▉▉▉▉ 과연 내가 잘할 수 있을까…?

걱정이 앞섰지만 일생일대의 기회를 놓칠 수 없었고, 영화판의 최고 스태프들을 불러 모았다. 그들도 나처럼 각본을 읽고 가슴이 뜨거워졌다. 이어서 각본을 건네받은 최고의 배우들이 하나둘 합류해 줬고, 마침내 플러스엠이 투자를 확정했다. ▮▮▮▮▮▮▮▮▮▮▮▮▮▮▮▮▮▮▮▮▮ 2022년 2월 모두가 한 팀을 이뤘고 '반란을 일으킨 군인들'과 '그들에 맞섰던 군인들' 그리고 '눈치만 보며 휩쓸려간 다수의 군인들'을 재현하고자 노력했다.

　　　▮▮▮▮▮▮▮▮▮▮▮▮▮▮ 어느새 영화가 완성되었고 23년 11월 말 극장에 걸렸을 때 예상치 못한 대흥행이 이어졌다. 늘 그렇듯 영화에서 가장 중요한 건 첫째도 시나리오, 둘째도 시나리오, 셋째도 시나리오다. 10년 동안 〈서울의 봄〉을 기획한 하이브미디어코프 김원국 대표의 끈질긴 노력과 용기, 그리고 최고의 시나리오를 써준 작가님들의 탁월한 재능 덕분이다.

　　　머리 숙여 진심으로 감사드린다.

- -

감 독

보안사령관 **전두광** 役 황정민

9사단장 **노태건** 役 박해준

2공수 여단장 **도희철** 役 최병모

국방장관 **노국상** 役 김의성

보안사 인사처장 **하창수** 役 홍서준

1군단장 **한영구** 役 안내상

보안사 비서실장 **문일평** 役 박훈

148mm × 210mm (80g/m²)

등장인물

수경사령관 **이태신** 役 정우성

참모총장 **정상호** 役 이성민

헌병감 **김준엽** 役 김성균

수경사 작전참모 **강동찬** 役 남윤호

특전사령관 **공수혁** 役 정만식

8공수 여단장 **박기흥** 役 정형석

각본

#1.	육군본부 B2 벙커 앞	밤

군복들이 밀려온다. 하나같이 고위급 장성인데,

육군본부 지하로 와글와글 들어간다.

    자막,   1979

#2.	육군본부 B2 벙커 내부	밤

    자막,   육군본부 B2 벙커

계단에서 내려오는 장성들, 카메라는 이태신 소장의

뒷모습을 따라 벙커로 들어간다. 지하 벙커(전시를 위해

구축된)를 꽉 채운 육해공군 고위급 장성들...

불안한 표정으로 웅성거린다.

대령 하나가 "죄송합니다. 잠시 지나가겠습니다... 장군님!"

틈새를 비집고 다가온다.

이태신   강 대령, 무슨 상황이야?

강동찬   저도 아직 상황 파악은 안 됐습니다.

이태신   어디 전투 상황 발생한 건 아니고?

강동찬   예. 전방에는 아무 이상이 없답니다.

참모총장   여어 쭉 들어가시면 됩니다.

국방장관을 선두로 육군참모총장 등이 줄줄이 들어온다.

이태신은 낯익은 김준엽 준장(헌병감)에게 다가가 속삭인다.

이태신   무슨 상황이오?

김준엽   조금 있다가...

"총리님 오십니다~" 연달아 들어오는 국무총리와 내각 관료.

...최한규 국무총리가 촘촘히 둘러선 군 지휘관들을 향해

무겁게 입을 연다.

최한규   조금 전에. 박 대통령 각하께서 서거하셨습니다.

일동   (놀람, 탄식)

최한규   잠시 묵념을 올리고. 비상 국무회의 바로

시작하겠습니다.

이태신   ……

암전.

큰 자막,   `1979년 10월 26일`

`박정희 대통령이 살해되었다`

정리된 벙커 내부. 각료와 장성들 착석했고,
정상호 육군참모총장이 앞에 선다.

자막,   04시 / 비상계엄 선포

정상호   대통령 권한대행께서 임명하신 바대로,

계엄사령관 직을 맡은 정상호입니다.

자막,   **정상호 대장 / 육군참모총장 겸 계엄사령관**

일동   (쳐다볼 뿐 박수도 없다)

정상호   계엄법에 따라 합동수사본부장은, 여기 계신

전두광 보안사령관이 맡을 예정입니다.

일어서는 전두광, 절도 있게 경례.
이태신과 장성들 시선이 모아진다.

타일 바닥에 핏자국.

취조받고 있는 50대 사내가 버둥거리며 일어난다.

임학주 '세상을 바꾸려 했다.' 이게 진짜 범행 이유 맞습니까?

김동규 (끄덕인다)

수사관 그렇게 해서라도 대통령 한번 돼보고 싶었습니까?

김동규 아니야 아냐... 몇 번을 말해야 돼?

자막, 김동규 / 전 중앙정보부장 (대통령 살해범)

보안사 수사관들 중앙에 대머리 사내 혼자만 의자에 앉았다.

자막, 보안사 서빙고 분실

전두광 그게 될 거라고 믿었습니까? (일어선다)

뭐 어디 가서 점이라도 봤어요?

김동규 !! (긴장)

전두광 응? 밖에 나가보세요, 바뀐 거 하나도 없습니다.

김동규에게 안경을 씌워주는 두광.

렌즈 너머로 얼굴이 똑똑히 보인다.

전두광   (섬뜩한) 세상은 그대로야.

| #4. | 박정희 대통령 영결식 몽타주 (실제 기록 영상) |

큰 자막,   **18년간 집권한 절대권력이 사라졌다**

중앙청 앞 영결식장의 침통한 분위기,
영정 앞 유가족이 참배한다. 조사를 읽는 국무총리,
정관계/외교/군사 고위급 전원이 참석했다.

총리   졸지에 무슨 변이십니까. 이처럼 영전에 엎드려
          삼가 영결의 말씀을 드리게 될 줄이야.
          어느 누가 상상조차 하였겠습니까.
          아흐레 전 천지가 진동하여 산천초목이 빛을...

큰 자막,   **그러나 희망찬 새 시대는 오지 않았고**

군 장성 라인에 나란히 앉은 노태건과 전두광,
슬픔을 가누지 못해 눈물을 닦는 두광.
조금 떨어진 곳에 이태신과 아내의 모습도 보인다.

큰 자막,　　**권력의 빈자리를 탐내는 자들은**

운구 버스가 중앙청을 빠져나가는 광경.

큰 자막,　　**더 짙은 어둠을 끌고 왔다**

세종로 이순신 동상 옆을 지나치는 운구 행렬.
수많은 시민이 도로에 가득하다.

큰 자막,　　**그해 겨울, 철저히 감춰졌던 그 이야기다**

세종로 사거리를 꽉 메운 추모 인파 위로
타이틀이 뜬다.

#5.	몽타주 : 국방부 소강당과 여러 장소	낮
	(대통령 시해 사건 수사 발표)	

— 대기실, 전두광이 편하게 보게끔 하창수 대령은
  〈발표문〉을 받쳐 들었다. 두광은 마치 무대 오르기 전
  배우처럼 문장을 연습한다.

자막,   전두광 소장 / 보안사령관 겸 합동수사본부장, 하나회 리더

전두광   '금번 대통령 각하의 충격적인 사고로 말미암아...
         전 국민이...' 야 너무 무겁나? 어떠노?

하창수   (군복의 각을 세우며) 아닙니다, 목소리가 아주
         중후하십니다.

문일평   제가 보기에는 조금만 편하게 하시면 좋겠습니다.

전두광   불편해 보여? (움찔하는 문일평)
         편하게 하면 그게 더 이상하지~

문일평은 재빨리 벽 거울을 가져온다. 거울을 툭 밀치는 두광,

전두광   테레비로 전 국민이 보고 있는데~
         (거울에 비친 자신이 멋지다!)

— 발표장으로 들어가는 전두광. 뒤따르는 문일평과 하창수 등.

자막,   11월 6일 / 박 대통령 시해 사건 수사 발표

정부 대변인이... "계엄사 합동수사본부장, 육군 소장 전두광께서

박 대통령 시해 사건에 관한 수사 발표를 하겠습니다."

발표석에 앉는 두광에게 쏟아지는 플래시 세례!

다소 긴장한 듯 미간을 찌푸리며 읽어가는...

　전두광　　에~ 금번 대통령 각하의 충격적인 사고로...

― 서빙고 취조실. 라디오에 귀 기울이는 임학주 중령과

　　수사관들. 국밥을 조용히 떠먹는 김동규,

― 다시 발표장,

　전두광　　전 국민이 마음 아프게 생각하시고,

　　　　　　또한 국민들이 궁금하게 생각하시기 때문에

　　　　　　박 대통령 시해 사건의 중간 발표를 하겠습니다.

― 택시에서 내리는 이태신,

　　공관촌 위병소 쪽으로 걸어가는데...

　자막,　　　공관촌 정문 (한남동)

한남슈퍼에 과일상자가 쌓였고, TV 수상기 앞에

모여 선 사람들.

전두광   각하, 이따위 버러지 같은 자식을 데리고 정치를 하니

         올바로 되겠습니까? 라며 김동규는 앉은 채로

         허리춤에서...

─ 고즈넉한 늦가을의 정원.

  이태신이 과일상자를 들고 걸어온다.

  자막,   육군참모총장 공관

전두광   권총을 뽑아 경호실장에게 일발을 발사하고

권 준위   이태신 장군 왔습니다.

#6.	한남동 육군참모총장 공관 응접실 & 정원	낮

─ 공관 응접실, 권 준위의 안내를 받아 이태신이 들어온다.

  정상호 총장은 소파에서 수사 발표 중계방송에

  집중하고 있다.

권 준위   들어가시죠.

기자   합수부장님! 시해 장소에 정상호 총장이 있었던

         이유가 뭡니까?

정상호   ......

| 전두광 | 정상호 참모총장에 대한 혐의점은 |
| | 현재까지 없는 것으로 나왔습니다. |

— 공관 앞 정원, 대화하는 두 사람.

정상호	(뜬금) 합수부 전두광 장군이
	이 장군을 불편하게 생각한다든데, 맞습니까?
이태신	저는 지나간 일이라고 생각하는데, 전 장군이
	어떻게 생각하고 있는지 잘 모르겠습니다.
정상호	하나회는 어떻게 생각하시오?
이태신	(단호히) 군 내에 사조직이 활개 치도록 둬선
	안 됩니다.
자막,	**이태신 소장 / 육본 교육참모부 차장**
정상호	수경사에서 군사연구실장 할 때 아주 재밌는 논문
	쓰신 적 있죠? 권력을 남용하는 보안사를 없애고
	순수하게 군사정보 지원 업무만 하자는~
	뭐 그런 내용이었던 거 같은데?
이태신	중령 땐데 하도 여러 군데 불려 가 혼나는 바람에...
	머릿속에서 그놈의 논문 아예 지워버렸습니다...
	저 총장님. 오늘 부르신 이유를 알고 싶습니다.

정상호 잠시 나무를 올려다본다.

정상호	수도경비사령관으로 임명하고 싶습니다.
이태신	(쳐다보는)
정상호	다들 탐내는 자리니까~ 당신처럼 욕심 없는 분한테
	맡겨보고 싶어요. 육본 장군들이 그럽디다.
	당신이 고지식하긴 한데 책임감 하나는 최고라고.
	(벤치에 앉는) 정치는 아예 신경 끄고 사는
	진짜 군인이라고... 앉으세요!
이태신	(나란히 앉는)
정상호	맡아주실 거죠?
이태신	말씀은 너무 감사한데... 갑자기 왜 저한테
	그런 과분한 자리를 맡겨주시는지
	저는 이해가 되질 않습니다.
정상호	아니, 지금 수경사령관 직을 맡기겠다는데
	그걸 거절하는 겁니까?
이태신	예, 맞습니다.

정상호, 거절하리란 걸 전혀 예상치 못했다는 반응이다.

#7.	봉천동 이태신의 자택	저녁

밥상에 오른 청국장을 이태신이 한술 떠먹는다.

가만히 보던 아내가

태신 처	무슨 걱정되는 일 있어요?
이태신	...아니.

아무 일도 없는 척, 태신은 밥알만 씹는다.

#8.	**종로 보안사 사령관실**	**낮**

정부 부처 차관들이 어수선하게 서 있다.
그때 "전 장군님 들어오십니다!" 덜컹, 전두광이 성큼 들어서자
차관들 바짝 긴장하면서 부산스럽다.

전두광	아이고, 우리 차관님들 이만저만 바쁘신 게 아닌데
	이리 오시게 해서... 자아 앉으세요, 편히 앉으세요.
자막,	보안사령관실 (종로)
전두광	(소파 상석에서 담뱃불) 그, 국장들도 부르고
	싶었는데, 보시다피 내 방이 코딱지만 해서
	하하하. 하 대령 진행해야지?
하창수	네, 외무부 차관님 보고부터 시작하겠습니다.
전두광	아니 아니, 내무부부터.

하창수   아 예... 그럼 양 차관님이 먼저.

나이 지긋한 내무부 차관이 일어나 서류를 편다.

내무차관   부정 축재자 범위를 정해보라고 하신

지시에 대해서는... (생략)

민성배   이 부처별로 보고를 시키니까...

#9.	삼각지 국방부 강당	오후

'전군 지휘관 회의'가 열리는 회의장.

정상호 총장과 민성배 참모차장이 창가에 있다.

자막,   **민성배 중장 / 육군참모차장**

민성배   전 장군 저도 허허 웃으면서 '어라? 이게

국무회의처럼 돼가네!' 이랬답니다.

창밖으로, 차량에서 전두광이 내린다. 몰려드는 기자들.

"아이구 야~ 왜들 자꾸 이라십니까?"

민성배   아이고. 저저저저 아니, 지가 무슨 왕이야 왕.

정상호	!!
민성배	아니 저 친구 저러는 걸, 저걸 어떻게 해야 됩니까?

#10.	국방부 계단	낮

전두광이 기자들을 달고 계단을 오른다.

수행하는 하창수와 임학주도 이 상황을 즐기는 듯.

자막,	국방부 (삼각지)

전두광	아, 본인이 생각하는 건... 우리 군도 국민의 기대에
	어긋나지 않는 훌륭한 모습으로 다시 태어나는
	계기가 되었으면 좋겠다~ 이런 생각입니다...
	마 이 정도로 합시다!

후경, 집차에서 내린 이태신이 계단을 오른다.

기자들	장군님, 장군님!
기자3	우리 사회가 민주화라든가 많은 변화가 생길 것
	같은데 어떻게 생각하십니까?
기자들	아이... / 뭐 그런 질문을 해~
전두광	거 어디 기자요? 우리 대한민국이 이때까지

민주주의 안 하고 살았습니까?

| #11. | 국방부 강당 | 낮 |

정중앙에 앉은 정상호 총장이 군 지휘관에게 연설한다.

자막,　11월 9일 / 전군 지휘관 회의

정상호　이 역사적인 국난 극복의 시기를 보내면서,
　　　　우리 군은 군 본연의 임무인 국토방위에만
　　　　전념할 수 있기를 바랍니다. 그런데~
　　　　정치 문제에 관심이 많은 그런 분이 여기 계신다면,
　　　　본인은 심히 걱정스럽고 위험한 행태다~
　　　　이렇게 말을 하고 싶고... (생략)

표정이 굳은 전두광과 노태건 주변, 하나회들의
불만 섞인 반응.

도희철　뭐라카노? 누구한테 하는 얘기야.
조우택　엉뚱한 소리를 하시노.
탁재오　우리한테 하는 소리가?
도희철　걱정스럽단다!

탁재오   걱정은 지가 해야지.

건너편의 장성들(이태신, 김준엽 등)이 쳐다본다.
앞줄에서 전두광이 슥 돌아보더니

전두광   거 조용히들 좀 하지.

| #12. | 같은 장소 – 국방부 강당 | 낮 |

회의가 끝났다...
전두광이 성큼 다가와 정상호에게 꾸벅 인사한다.

전두광   좋은 말씀 감명 깊게 들었습니다.

정상호   (가방 닫는) 그럼 다행입니다.

전두광   수경사에 이태신 장군을 앉히는 거 확정이십니까?

정상호   !!

전두광   이 장군도 나쁘진 않은데, 수경사는 대한민국

            수도를 책임지는 최고의 요직이라 말임다. 오늘

            참석한 지휘관들도 다들 걱정이 이만저만한 게...

정상호   (나가면서) 하고 싶은 말이 뭡니까?

전두광   이 장군이 육사가 아니라서 그런 건 아니고...

좀 뭐랄까 갑종출신이라 그런지
답답한 느낌이라서... 조금 더 세련된 사람이
수경사에 맞지 않나~~

정상호   세련된 누구요?

전두광   (찬스!) 11기 노태건 장군은 어떻습니까?

정상호   (언짢다) 인사권은 총장의 권한 아닙니까?

전두광   예?

정상호   내가 뭘 결정하려면 전 장군한테 결재받고
그래야 됩니까?

전두광   (당황) 오해가 있으신 거 같은데... 제 말씀의
취지는...

정상호   그런 취지 안 들은 걸로 합시다.

홱 돌아서는 정상호.

한 방 제대로 먹은 전두광. 얼굴이 발개지는.

#13.	국방부 복도	오후

두광과 하나회들 복도를 꽉 채우고 걸어온다.

조우택   정 총장이 형님한테 그라믄 안 되는 거 아입니꺼~

김병준	이태신이가 지 주제를 모르고 수경사를 떡하니
	맡겠다고 하는 게~
노태건	야야. 그만해라.

맞은편에서 다가오는 태신... 하나회 무리와 남남처럼
스쳐 간다. 갑자기 멈추는 전두광, 태신 쪽을 돌아본다.

전두광	아이고~ 이 장군님 축하합니다!
이태신	(돌아보는) 뭔 축합니까?
전두광	(다가오는) 소식 듣고 내가 얼마나 기뻤는지 말임다,
	이 장군께서 수경사를 딱 맡으면...
이태신	그럴 일 없습니다.
전두광	그럼 안 맡으십니까?
이태신	......보안사 챙기랴, 합수부 신경 쓰랴
	요즘 정신 없으시죠?
전두광	나랏일 하는 거야 희생정신 없으면 말짱 도루묵
	아닙니까? 요새 신경을 너무 쓰다 보니까
	머리털이 남아나질 않습니다. 하하하.
이태신	김 부장 조사는 잘 진행됩니까?
전두광	공판 때까진 마무리 잘해야죠.
이태신	요즘 입만 벙긋하면 보안사로 바로 끌려간다던데...
	그 말이 맞습니까?

전두광	(멈추더니, 빤히)
이태신	세상이 서울의 봄이다 뭐다 해서 분위기
	좋아지고 있는데... 각하 사건하고 관련 없는 사람들
	잡아다 족친다고 뭐가 나오겠습니까?
전두광	(손가락 두 개를 허공에 들면, 하나회 하나 뛰어온다)
이태신	우리 전 장군이 애국하는 거 다 알지만...
	너무 무섭게 하고 그러지 마세요.
전두광	무슨 말씀인지 잘 알겠고...

특전사 준장 도희철이 두광의 손에 담배를 끼워주고,
라이터 불 착! 붙여주고 돌아간다.

전두광	(한 모금) 그거는 제가 잘 알아서 할게요.
이태신	예, 어련히 알아서 하시겠습니까. 그리고
	저렇게 몰려다니는 모습, 그다지 보기 안 좋습니다.
전두광	(표정 관리) 이 장군, 난 말임다. 이참에
	우리 둘이 친해볼까 하는 맘도 솔직히 좀 있어요.
	뭐 이런 어려운 시국에 서로 같은 편 하면
	큰 힘이 되고 그랄 텐데...
이태신	대한민국 육군은 다 같은 편입니다.
전두광	와~ 그렇습니까?
이태신	또 봅시다.

돌아서는 태신, 두광도 홱 돌아서고...

서로 등지고 멀어지는 두 남자,

태신은 혼자 걷고... 두광은 늑대 무리를 이끌고 간다.

| #14. | 한남동 총장 공관 응접실 | 저녁 |

응접 소파에 앉은 정상호와 이태신.

정상호   아니... 내가 몇 번을 부탁해야 되는 겁니까?

이태신   수경사령관은 저보다 훌륭한 분을 찾아보시는 게
         맞습니다.

정상호   (담배 연기 내뿜는다)

이태신   총장님... 진짜 죄송합니다.
         (무릎을 짓누르며 일어난다)

정상호   식사는 하고 가세요. 밥 차리고 있으니까.

이태신   괜찮습니다.

정상호   아니, 여기까지 와서 저녁도 안 먹고 가면
         그게 무슨 예의입니까? 한술 뜨고 가요.

이태신   오늘은 제가 그냥 가는 게 맞습니다. (복도로)

정상호   어허 (버럭) 내가 정치를 맡길 거면, 이 장군
         당신한테 왜 맡기겠소?!

이태신   ...... (돌아보는)

정상호   전두광이가 보안사령관과 합수부장을 겸직하면서,
               모든 정보를 다 움켜쥐고 마치 자기 세상이
               온 것처럼 날뛰고 있단 말입니다.
               그런데~ 하나회 놈들이 수경사까지 꿰차는 걸
               그냥 두고만 보겠단 겁니까?

저녁상을 차리던 권 준위가 힐끔 본다.
정 총장이 태신에게 다가온다.

정상호	나라가 위태로운 때 아닙니까~
	나 혼자서는요. 뭘... 할 수 있는 게 없어요.
	이 장군은 그저 수도 서울을 지키는 거,
	그거 하나만 잘해달라는 겁니다!
이태신	....
정상호	(손을 맞잡고) 육군참모총장으로서 군인 이태신에게
	임무를 맡기겠습니다.
이태신	!!

#15.	필동 수경사(수도경비사령부) 연병장	낮

자막, 11월 16일 / 수도경비사령부

장민기	(우렁찬) **부대애애~~ 차려엇!!!**
	사령관님께 대하여 받들어어 총!
병사들	충성!!!!!!

단상의 이태신도 경례한다.
군악대가 빰바라빰바라~ 연주한다.

이태신	저희 수도경비사령부는 창설 이래... (생략)

정상호 총장에게 선서하는 신임 사령관 이태신.

민성배(참모차장), 공수혁(특전사령관), 김준엽(헌병감) 등이

참석했다. 태신에게 휘장을 달아주는 정상호.

꽃목걸이 걸어주는 김준엽. 아내와 활짝 웃는 이태신.

이태신   본인은 수도경비사령관으로서 부여된 임무를

                 충실히 수행하며... 대한민국 수도 서울의 안전과

                 번영을 위하고 국민의 봉사자로서 국가에 충성...

차량에 올라 사열하는 태신과 전임 수경사령관.

#16.	수경사 연병장, 부대 식당, 보안사령관실 교차	낮 - 밤

— 이태신이 수경사 단장들과 악수한다. 30경비단장 장민기

   대령에게 다가서면, 오버랩 되는 음성...

장민기   대령 장민기!

이태신   *장민기가... 하나회라는 거 모르는 사람이 없지.*

— 부대 내 식당(늦은 밤).

   수경사 지휘관 인사기록을 넘겨보는 이태신.

강동찬　　예. (다음 기록부로) 육사 13기 원경 헌병단장...
　　　　　　눈치가 백단에 잔머리도 기가 막힙니다.

— 연병장, 두툼한 체격의 원경 대령과 경례한다.

원경　　대령 원경!

— 부대 식당, 강동찬이 설명을 이어간다.

강동찬　　33단장 진영도. 육사 17기고 아주 소문이 짜한
　　　　　　하나휩니다.

"대령! 진-영-도!" 관등성명을 대는 진영도.
악수하는 이태신, 정겹게 툭툭 쳐준다.

이태신　　(미소) 우리 진 대령이 제일 많이 도와줘야 돼~
진영도　　예, 알겠씀다!

— 부대 식당. 브리핑을 마친 강동찬.

강동찬　　이 세 명은 골수 하나회라서 솔직히 우리가 협조를
　　　　　　바랄 수가 없습니다.

강동찬 대령 / 수경사 작전참모

이태신   그럼 내 명령을 따르지 않을 수도 있다는 건가?

강동찬   아...

이태신   네, 아니요로 대답해.

― 보안사령관실, 하나회에 가입하는 장교가 충성 서약을 한다.

자막,   하나회 충성 서약

설 소령   피로 서약한 맹세를 지키지 못하면! 하나회 선,

후배, 동료를 위해서 죽음도 각오할 수 있습니다.

소파에 앉은 전두광.

충성 서약하는 다른 특전사 장교로 화면이 바뀐다.

민 소령   하나회의 영광은 저에게 있어 그 어떤 것과도

비할 수 없습니다!

설 소령   하나회가 본인을 선택해 주신 영광을 죽는 날까지

잊지 않고 뼈에 새기도록 하겠습니다.

민 소령   충성!

설 소령   충성!

― 부대 식당, 이태신이 인사기록부를 넘긴다.

강동찬   뭐 암튼 워낙에 비밀스럽게 유지가 되다 보니까
지들끼리도 서로 누가 회원인지 잘 모른답니다.

― 보안사령관실, 소파에서 일어나는 전두광.

전두광   쉬어! (설 소령에게 손 내밀고)

설 소령   쉬어! (악수) 목숨을 바치겠습니다!

전두광   알았어 임마. 일루 와.

설 소령을 잡아당기는 두광, 사령관 의자로 안내한다.
주춤하는 설 소령...

전두광   자 앉아봐! 왜? 두렵나? 그냥 의자일 뿐이잖아.

설 소령   아닙니다. (떨리는) 저는... 두렵지 않습니다.

전두광   그럼 이리 와서 앉아. (미소) 자네 자리라고
생각하고.

설 소령   ...... (호기롭게 털썩 앉는)

전두광   자 이제부터 자네는 나야.

설 소령   !!

전두광   난 바로 자네고.

수경사에 방문한 김준엽.

병사의 경례를 받아주고, 이태신을 찾는다.

    자막,   **11월 23일 / 수도경비사령부 (필동)**

이태신, 헌병감을 발견하고... 사령관실로 안내한다.

김준엽이 들어서자 문고리 배꼽을 딸깍 누르는 태신,

    자막,   **김준엽 준장 / 육군본부 헌병감**

    김준엽   어제 워싱턴 국무부에서 미 대사관으로

               긴급 전문을 보냈습니다.

[인서트] 한미연합사령관실, 미 대사가 다가와

연합사령관에게 서류를 건넨다.

미 대사가 연합사령관에게 *"It just came in as we expected*

(방금 왔는데 우리가 예상한 대롭니다)."

    김준엽   내용은 아주 간단한데,

               〈전두광 장군을 조심하라〉 랍니다.

서류 클로즈업, 〈Use extreme caution......contact with Gen.
Chun Doo Gwang.〉

자막,　　　워싱턴 국무부 긴급 전문

　　　　　　〈전두광 장군과 일체 접촉하지 말 것〉

태신의 얼굴은 걱정으로 가득하다.

#18.	종로 보안사 사령관실	밤

자막,　　　11월 26일 / 전두광 보안사령관실

곧 있을 〈장성 진급심사 후보〉 신상 파일을 펼쳐놓았다.

전두광　　　엄재민, 전대규... 이 새끼들 아웃!

문일평 대령은 하나회 회원 파일을 따로 선별한다.

자막,　　　문일평 대령 / 보안사령관 비서실장

문일평　　　우리 선배님들. 이번에 장성 진급 다 됐으면

　　　　　　좋겠습니다.

전두광　　　(끄덕) 위원장하고 얘길 끝냈어... 거의 다 될 거야.

문일평　　　그리고 지시하신 군 개편안을 짜봤는데, 정 총장은

　　　　　　어떡할까요? 국방장관에 넣을까요, 말까요?

전두광　　　(끙) ...빼~

문일평　　　형님. (설득) 이참에 정 총장하고 말씀을 나누셔서

말임다. 우리 쪽하고 좋게 지내시는 방법을...

전두광　시끄러! 그 답답한 양반하고 뭔 얘길 해~

문일평　......

#19.	육군본부 총장실	늦은 오후

전두광, 정상호와 마주 앉아 의기양양하게 돈가방을 펼친다.

자막,　11월 27일 / 육군본부 참모총장실

전두광　청와대 비밀 금고에서 9억이 나왔습니다.

　　　　그중에 6억은 큰 영애한테 전달했고,

　　　　1억은 저희 합수부 수사비로 빼두고.

　　　　(미소, 돈다발을 보여주며) 여기 2억은

　　　　총장님께서 아주 편하게 쓰셨으면 합니다.

정상호　수사 과정에서 돈이 나오면 국고에 귀속시키지

　　　　않습니까?

전두광　물론 관례적으로는 그런데...

　　　　이래저래 뒷말이 나오는 것보다야,

정상호　이러니 전 장군이 중앙정보부, 경호실, 보안사까지

　　　　다 주무른다고 하질 않습니까?

전두광	예? (당황) 누가 그런 말도 안 되는 소리를...
정상호	누가가 아니고 왜 그런 말이 나오는지를 생각해 보셔야지!
전두광	...... (욱하는 감정을 꾹)
정상호	합수부가 계엄사령관한테 사전 보고를 해야지 사후 통보를 합니까? 멋대로 처리하고서 뭐 나보고 박수 치란 겁니까?
전두광	아니~ 그딴 어처구니없는 유언비어를 퍼뜨리는 놈이 누군지 제가 좀 알아야겠습니다!
정상호	전 장군!
전두광	예. (최대한 덤덤히)

정상호	자기가 무슨 잘못을 했는지 아직 잘 모르겠어요?
전두광	......솔직히, 다시 생각해도 저는 잘못한 게 없는 거 같습니다.
정상호	합수부는 앞으로 취득한 모든 정보를 하나도 빠짐없이, 계엄사에 매일 세 시간 간격으로 보고하세요!
전두광	(상기된) 원하시면 그리 해야죠.
정상호	가보세요.

두광, 경례도 않고 씩씩거리며 나가느라 문이 쾅!

#20.	서빙고 보안사 취조실 & 업무 공간	밤

— 취조실, 쾅! 문이 열린다. 잠자는 김동규를 깨우는 수사관들.

자막,	보안사 서빙고 분실

임학주	빨리 정신 차리게 만들어!
조구현	예 알겠습니다. 야 빨리 가져와.

학주가 사무실로 나온다.
책상에서 두광이 혼자 서류철을 넘겨본다.

전두광	이 조사 보고서 내가 결재했던가?
임학주	예, 그저께 하셨습니다.
전두광	결론이 뭐였드노?
임학주	총장님은 '공모 혐의 없음'으로 입증되신 거라고...
전두광	니 판사야? (눈동자 희번득, 서류를 북북 찢는)

고개 숙이는 임학주. 기분이 싸하다.

자막,	**임학주 중령 / 보안사 수사과장, 하나회**

전두광	저 인간이 정 총장을 궁정동에 불렀잖아!
	(찢은 서류 던지고) 각하를 시해하는 장소에
	참모총장이 있었는데, 안 이상해?
	(취조실 들여다보는) 난 너무 이상해.
	김동규랑 어떻게 공모했는지! 무슨 속셈으로
	거기에 왜 밥 처먹으러 왔는지! '정상호도 나쁜
	사람이 아닐까~?' 난 그게 제일 궁금해! 학주야.
임학주	......

#21.	**삼청동 국무총리 공관 내부**	**아침**

자막,   12월 4일 / 국무총리 공관 (삼청동)

090

정상호 총장이 총리실 밖에서 누군가를 기다린다.

밖으로 나오는 오국상을 따라간다.

정상호   장관님, 합동수사본부 해체를 서둘러야 합니다.

오국상   겨울은 보내고 하자니까요.

　　　　 아직 시해 사건 공판도 안 끝났잖아요.

자막,   **오국상 국방장관**

정상호   오늘 자 조간입니다. 한번 보십쇼.

신문 [C.U.] 특집기사 〈민족중흥의 영원한 햇불! 박 대통령의 업적...〉

오국상   좋은 기사 같은데 뭐가 문젭니까? (다시 걷는)

정상호   기사가 문제가 아니라, 전 장군이 이렇게 실어라

　　　　 마라 지침을 내리고 있습니다.

　　　　 부정 축재자 척결을 빌미 삼아 시해 사건과 관련

　　　　 없는 사람들을 잡아다가 때리고 겁박하고 말입다.

　　　　 전두광이 이놈 자식 이거 이대로 두면 안 됩니다.

오국상   그 친구가 그래도 따르는 사람도 많고,

정상호   그 하나회가 제일 문젭니다! 장관님도 잘 아시면서.

오국상   (회의실로) 젊은 사람들이잖아요.

　　　　 그렇게 힘으로 밀어붙이면 저항이 있습니다.

오국상은 회의실에서 자신을 기다리던

관료, 장성들과 인사한다.

정상호   혹시 전 장군한테 뭐 받으신 거 있습니까?

오국상   (눈 똥그랗게, 주변을 의식) 누가요? 내가?

　　　　　도대체 어떤 놈이 그런 소리를 해요. 어?

　　　　　어디서 그런 소리를...

정상호   (빤히)

오국상   (다시 복도로) 거 싫다는데 부득부득 보게뜨에

　　　　　집어넣었어요. 우리 집에 봉투도 안 뜯고 있어요.

　　　　　필요하면 총장이 갖다 쓰세요!

정상호   장관님.

오국상   (시큰둥) 알았어요. 그렇게 하세요, 뭐 계엄사령관이

　　　　　마음먹었는데 국방장관이 힘이 있습니까.

정상호   연말에 군 인사 개편할 때. 전 장군은,

　　　　　'동해안 방어사령부'로 보낼까 합니다.

오국상   그렇게나 멀리?

관료   　장관님 회의 시작하셔야 합니다.

오국상, 회의실로 들어가자...

둘의 대화를 엿들은 맹 중령(장관 보좌관)의 눈매가 가늘어진다.

#22.	연희동 전두광 자택 사랑방	낮 – 저녁

전두광이 신문의 기보를 보면서 바둑을 복기한다.

    자막,   12월 6일 / 전두광 자택 (연희동)

    두광 처   여보. 노태건 장군 오셨어요.

두광의 처가 문 사이로 내밀고... 노태건이 들어온다.

    자막,   노태건 소장 / 9사단장, 하나회 2인자

    노태건   자긴 동해안 방어사령부로 가는 거 맞아,

                난 56사 방위사단으로 귀양 보내고.

                우리 쪽 사람들은 죄다 한직으로 돌릴 거라는데.

    전두광   (방석을 던져준다.)

    노태건   이태신을 수경사에다 꽂을 때부터 영 낌새가

                안 좋다 했다 내가... 아~ 여서 밀려나는 건

                진짜루 말도 안 돼~ 우짜노?

    전두광   (담배를 눌러 끄는)

    노태건   이라믄 니, 내, 모조리 다 나가린데...

    전두광   나가리 같은 소리 하고 자빠졌네.

                지가 계엄사령관이면 나는 합수부장이다 합수부장!

노태건	뭐어, 잡아다 가두기라도 할 기야?
전두광	하면 되지, 와? 내가 대한민국 정보 다 쥐고 있는데!
	내 말 한마디면 너거 사돈의 팔촌네 밥상에
	무슨 반찬 올리는 것도 싹 다 알고,
	너거 집 개도 내가 간첩으로 만들 수 있다꼬!
노태건	(빤히) ...
전두광	정상호 글마가 우리 각하 여, 심장에 총알이 박히는
	소리를 직접 들었다카이! 근데도 김동규하고
	한패가 아니라고 니 장담할 수 있나, 어?
노태건	두광아... 계엄사령관이다.
	계엄사령관을 니가 우째 자빠뜨리노?
전두광	(흑돌을 집어 바둑판에 탁) 야 봐봐,
	이 흑이 질 뻔했거든!
	근데 이 한 수로 요 판세를 싹 뒤집어부따.
노태건	!... (바둑판 보는)
전두광	니 내가 하자카는 대로 함 해볼래?
노태건	.... (표정 읽고) 뒤집는다꼬?
전두광	(끄덕)
노태건	이기 미칫나~?
전두광	(미소) 그러면 뭐 난 동해바다로 놀러 갈 테니까~
	니는 방위사단 가서 땀 흘리가미 탱, 탱~
	테니스나 치라 이 새끼야.

노태건   니나 내나 여까지 왔으면 많이 왔써...
        나는 솔직하니~ 니가 마 정 총장 찾아가
        무릎 탁 꿇고, 잘못했습니다 행님, 살려주이소.
        이랬음 하거든, (눈치 보는)
        근데 니는 안 그를까 아이가?

두광의 입꼬리에서 욕망이 스멀스멀 배어나온다.

[경과]... 어둑해진 방에 두광 혼자. TV에선 장충체육관에서
생중계되는 대통령 선거 화면이다.

두광 처   저녁 식사 안 하세요?

미동도 않는 남편의 뒷모습, 그냥 나가는 두광의 처...
뒷마당만 응시하는 두광, 담배 연기만 뿜어댄다.

앵커   뒤이어 개표 결과가 발표되었습니다.
의장   총 투표수 2,549표 중 최한규 후보가 2,465표...
앵커   최 대통령은 선거에 앞서 의장 권한대행 자격으로...
        (생략)

두광이 TV를 힐끔, 당선 인사하는 신임 대통령

최한규를 보고는,

전두광   하, 지랄 개염병을 하고 있네! (바둑알을 던진다)

TV 화면을 때리는 바둑알, 방바닥에 떨어져 또르르.

#23.	종로 보안사 사령관실	늦은 오후

자막,   계엄사령관 정상호 연행 요구서

서류 [C.U.] 〈시해 사건 피의자 정상호 연행 검토〉

전두광   인자 빠꾸 없다. 무조건 직진이데이~

노태건   그기 아이고~ (두광 쪽으로)

            우리 그 며칠만 더 생각해 보자, 어?

전두광   (서류 가로채는) 으이구 이 등신아 그라믄 하지 마!

노태건   ... (기분 상했다) 어차피 뭐 니 맘대로 할 꺼 아이가?

전두광   (마주 앉는) 친구야 니 기억나나? 우리 각하가

            5.16혁명을 성공적으로 이끄셨을 때, 그 역사적인

            혁명을 보면서도 다들 긴가민가할 때 말야~

노태건   (저놈의 자아도취... 지겹다)

전두광	이 전두광이가 완전 총대 메고 육사 생도 싸그리
	불러다가! 축하 퍼레이드 좌악 깔면서
	잔칫집 분위기 만들었잖아!
노태건	(일어나는) 그만해라 그 얘기! 그게 그게 언제 적
	얘긴데, 그기랑 지금 이거랑 같나?!

태건, 담배를 문 채 탁탁 켜지지 않는 라이터를 팽개치고
창가로 간다.

전두광	(따라가는) 그때 나는 말이다~
	단 한 순간도, 단 1초도! 각하의 위대한 혁명이
	실패로 끝날 거라고 의심하질 않았어!
노태건	(내적 갈등)
전두광	그라이까 니도 내 앞에서... 잘못된다는 소리.
	다시는 하지 마라.

태건은 두광이 건넨 담뱃불에 자신의 담배를 붙인다.

#24.	전두광 자택 사랑방	늦은 밤

하나회 핵심만 모였고, 음식과 술 마시느라 왁자지껄.

자막,　　12월 9일 / 하나회 비밀 회동 (전두광 자택)

노태건　　자! 건배합시다! 우리는!

일동　　우리는!

노태건　　하나다!

일동　　하나다!

선배들과 후배들 술상이 나눠진, 특전사 4여단장 김창세가
늦게 왔다.

김창세　　앉어 앉어~ (선배 쪽에 경례) 충성!

선배들　　왔나? / 어어 그래~

가져온 서류뭉치 확인하는 임학주. 두광의 얼굴엔 긴장감이
배어 있다. 가장 늦게 온 한영구... 후배들 일어나 경례한다!
"오셨습니까!" "빨리 왔네~" "어서 오소!"

한영구　　앉아, 마셔 임마! 뭐 새삼스럽게!

두광과 태건과 악수하는 한영구. 배송학과 현치성이
반가이 맞아주고 "잘 지냈는교~" "예, 늦었습니다"
"그래도 빨리 왔네~" 밖에서 두광 처의 음성도 들려온다.

"아줌마 빨리빨리 내와야 돼요." 두광의 눈짓에
임학주가 서류를 나눠준다. 두광과 태건도 선배들에게
서류를 공손하게, "읽어보십시오."

전두광   이것 땜에 모였으니까... 찬찬히들 읽어보십쇼.

〈정상호 총장 연행 요구서〉를 보고 놀라는 기색들!
아... 드디어 시작하는구나~ 떨림과 걱정이 가득한데
아무도 소리 내지 않는다. 두광도 애써 차분한 척,

임학주   에~ 정 총장의 혐의점 두 가지에 집중해
                 내란 방조 죄목을 만들었습니다.

한영구   넌 닥치고, (두광에게) 당신이 말해야지.

전두광   뭐든 물어보십쇼 선배님.

한영구   계엄사령관을 체포하는 명분이 뭔지는 알겠는데~
                 이거 실패하면?

무거운 눈빛들이 모아진다. 마당 쪽 유리문과 방문을
꽉 닫는다. 담배 연기만 뿌얗게 갇혀버린,
두광이 뻔뻔스러운 얼굴로 한영구를 바라본다.

전두광   선배님. 합수부가 군법에 따라 조사하는 건데

실패할 게 뭐가 있겠습니까?

한영구   군법을 따지면 이럼 안 되는 거지!

전두광   (꿍) 형님... 그러면 저 군복 벗고

                   조용히 떠나란 말씀입니까?

김병준   그게 아니고 형님! 정 총장을 연행하다

                   무력충돌이라도 생길까 봐 그러죠~

배송학   (중얼거리듯) 그카믄 쿠데타야.

!!...분위기가 얼어붙는다. 두광이 팔을 뻗어
허공의 펜던트스위치를 탁, 전등이 꺼진다.

전두광   거 이왕이면 혁명이란 멋진 단어를 쓰십시오.

태건도 호응하듯 다른 전등을 탁, 끈다.
순간 캄캄한 어둠에 잠겼다.

노태건   대통령 재가만 얻으면 절차상 아무 문제 없습니다.

일동   !!!!!!

도희철   형님, 국방장관 도장을 받아야

                   대통령한테 가는 거 아닙니까?

전두광   아이고, 내가 책임진다니까!

                   허락받는 건 걱정을 하지 마세요~

두광의 자신 있는 태도와 달리,

어둠 속 눈빛들엔 불안이 가득하다.

전두광   (양손 허리에) 여기 대령 이하 잘 들어라.

          니들 서울대 갈 만큼 공부 잘했잖아 그쟈!

          근데 집구석에 돈 없고 빽 없어서 먹여주고

          재워주는 육사 왔잖아. 근데 좆도 시험도 안 보고

          들어온 노땅 똥차들 줄 서가 있으니까 아직도

          별도 못 달고 있잖아, 느그들 억울해, 안 해?

일동   ......

전두광   눈깔이 똑바로 뜨고 내 쳐다보라고!

          대한민국 군대 올바로 세워보자고, 대청소 한번

          대차게 하자는 거 아냐!! (선배 쪽에 무릎 꿇고)

          선배님들... 올겨울 지나면 선배님들도 군복 벗어야

          할 겁니다. 정 총장한테 가서 '난 전역시키지 말고,

          별 한 개 더 주쇼!' 이칼 수 있겠습니까?

선배들   ......

전두광   박 대통령 각하께서 이런 말씀 하신 거

          기억하실 겁니다. '혁명의 밤은 짧지만, 그 영광은

          오래될 것이다.' 그 영광! 전두광이 혼자 독식하지

          않겠다는 거, 그거 하나만 믿어주십시오.

한영구   당신 그 말. 책임질 수 있나?

전두광　　어떻게, 제가 혈서라도 써서 보여드려야겠습니까?

팽팽한 긴장감으로 끓어오르는 침묵...
덜컹, 방문이 열리고 두광 처가 술병을 가져왔다.

조우택　　잠깐 형수님, (쟁반 받으며) 이거 저 주십쇼.
두광 처　　미안해요, 미안해... (냉큼 닫는다)

일어섰던 태건이 현치성 옆자리로 옮긴다.
무릎을 꾹 누르며 눈빛으로 형님이 나설 차례라는 암시.

현치성　　우째 나는... (눈치) 이기 이기 해볼 만도 하다카는

　　　　　　마음도 드네~ 어?

전두광　　!! (회심의)

조우택　　만약에 한다카면 언제 하는 겁니까?

노태건　　새 정부의 개각 발표 전날.

김창세　　12월 12일?

한영구　　수경사 이태신이. 특전사 공수혁은 어떡할 건데?

일동　　!!!

배송학　　이태신이 글마는 진짜 말을 안 들을 낀데~

#25.	수경사 야포 사격장	낮

신임 사령관 이태신이 야포단의 포사격 훈련을
참관하려고 왔다.

    자막,   **12월 10일 / 수경사 야포단 포 사격장**

산 절개지에 155미리 곡사포 12문이 방열해 있고,
사격지휘소로 걸어오는 이태신.

    강동찬   보안사 문일평 대령이 찾아왔습니다.

    이태신   (의외라는) 저 친구가 여길 왜 와?

    야포단장 사령관님! 2개 포대 동시 효력사를
                      보여드리겠습니다~

#26.	포대용 군용천막	연결

위장막 아래 가득 쌓아둔 포탄과 화약통.
태신과 문일평이 대화를 나눈다.

    이태신   전 장군 생일? 아니 그럼 가족들이랑
                   미역국이나 챙겨 드실 것이지~

    문일평   사령관님, 특전사령관님, 또 헌병감님

이렇게 세 분만 모시고 따뜻한 밥 한 끼

대접하고 싶으시답니다.

이태신 전 장군한테 가서 전하시게.

내가 배부르게 잘 먹은 셈 치겠다고.

문일평 (물러서지 않고) 사령관님, 실은 얘길 들으셨는지

모르겠지만... 전 장군님이 동해 쪽으로

발령 날 거란 소문이 있습니다. 저희 장군님께선...

이태신 (자르며) 그 소문 듣고 본인은 뭐랍디까?

문일평 예, 뭐... 저희 장군님께선 마음이 편치는 않으시죠.

(이 순간이야말로 연기를 잘해야 하는)

자막, **문일평 대령 / 하나회 핵심**

문일평 근데, 뭐 워낙에 성격이 대장부시라서

그냥 허허 이렇게 웃고 마셨습니다.

강동찬 포격 시작합니다. (귀마개를 건넨다)

이태신이 지휘소로 빠르게 간다. 바짝 따라붙는 문일평,

문일평 아무튼 멀리 가시기 전에, 존경하는 세 분 모시고

작별 인사를 꼭 하신다고...

야포단장 각 포대! 사격 실시!

"쏴아!" 포격을 개시한다. **땅, 땅, 땅...** 포격지점에 **쾅, 쾅쾅~~~**

솟구치는 폭염! 대단한 장관이다.

전두광   오긴 오는 거야?

| #27. | 종로 보안사 사령관실 | 밤 |

벌떡 일어서는 전두광, 노태건, 문일평 셋이 모여 있다.

전두광   확실하지?

문일평   ...8, 90프로는 오긴 올 것 같습니다.

전두광   뭐어? 같습니다?

　　　　　 와~ 문일평이가 이래 자신이 없나?

문일평   (질끈) 100프로 오게끔 만들겠습니다.

전두광   그래~ 그 인간 고래심줄보다 질겨서,

　　　　　 끝까지 땅겨야 돼. (태건에게) 안 그래?

노태건   (지도만 보는) 나는 아무리 생각해도, 육본에서

　　　　　 한남동 가는 중간에 정 총장을 낚아채는 게...

수도권 작전지도의 당일 루트를 가리키자,

전두광이 지휘봉을 빼앗아 지도를 가리킨다.

전두광   아니라니까 참~ 답답하네. 다시 설명할게.

            자아 봐, 우리가 30경비단에 전부 모일 거야...

#28.	경복궁 30경비단 본부 앞	낮

중앙청 뒤로 경복궁에 위치한 30경비단의 전경이 넓게 보인다.

    자막,   12월 12일

전두광   만약에 정 총장 연행하면서 부대끼리 충돌이 생겨도,

            여기에 수경사 전투 병력이 거의 다 있잖아~

            청와대부터 인왕산, 북악산까지 부대라고는 경비단

            두 개밖에 없다고!

30경비단 본부로 차량이 속속 도착하고,

기세등등하게 내리는 배송학과 현치성(육사 8기),

    자막,   16시 / 경복궁 소재 30경비단에 반란군 집결

전두광   그래서 우리 본부를 30경비단에 딱 구축하고 있으면

            아무도 못 덤빈다고.

하나회 핵심 조우택(육사 11기), 김병준(육사 12기),

김창세(육사 13기), 도희철(육사 12기), 탁재오(육사 12기)...
영접 나온 30경비단장 장민기(육사 16기)와 진영도(육사 17기,
33경비단장)가 거수경례 올린다.

| #29. | 30경비단 작전실과 정보실 | 낮 |

자막,   30경비단 내 통신 감청실 구축

— 부속실을 정보실(청파보고)로 꾸몄다. 문일평의 지휘 아래
　헤드셋을 낀 감청요원들이 수도권 주요 부대의 전화선을
　감청한다. 내부를 둘러보는 전두광과 노태건.

문일평   금일 09시부터 여기서 모든 통신망을 100프로
　　　　　청취할 수 있도록 완벽하게 준비했습니다.

— 복도를 걷는 장성들(이하 반란군). 작전실에 먼저 도착한
　한영구(육사 10기)가 그들을 맞는다.

현치성   우리 전 장군은 우째 안 보이노?

작전실의 붉은 커튼을 좌륵!
전두광과 노태건이 등장하며 반란군 장성들과 악수한다.

| #30. | 필동 수경사 본부 앞 | 낮 |

자막,   수도경비사령부 (필동)

태신의 처가 며칠째 귀가하지 못하는

남편의 속옷을 가방에 챙겨왔다.

이태신   (나오면서) 안 올라오고 왜 밖에 있어요!

태신 처   그래도 용케 알아보시우.

마누라 얼굴 잊은 줄 알았는데.

이태신   허어 사람... 오늘은 늦어도 집에 들어가려고

했는데~

태신 처   (미소) 아유 말만 들어도 좋네요.

식사는 꼬박꼬박 챙겨 드시는 거죠?

이태신   사령관 밥을 굶길까 봐 그래요~

(가방 받으며) 같이 올라가요.

태신 처   아유 바쁜 양반 붙잡고 무슨... 어여 올라가세요.

이태신   인삼차 한 잔 마시고 가지~ 따뜻하게. (그냥 보내기

미안하다)

태신 처   아 가방에 속옷이랑 양말 넉넉히 됐으니까

제때 갈아 신고 그러세요. 나 망신 주지 말고~

소리   사모님, 오셨습니까아?

태신 처   아유, 강 대령님 오랜만이네요~

강동찬	예! 사령관님, 참모회의 시작하셔야 됩니다.
	이따 저녁 약속에 가시려면...
이태신	아~ 전 장군하고 약속한 거.
태신 처	저 그만 들어가 볼게요~ (돌아선다)

#31. | **몽타주 : 〈작전 개시〉**

— 30경비단 작전실. 덜컹, 문일평이 급히 들어온다.

자막,	16시 20분

문일평	사령관님! 수경사령관 참석 확인됐습니다.
전두광	(반색) 됐다 됐어!
노태건	불 켜라!

커튼이 척 척, 가려지고. 블라인드도 촤륵,
작전지도 위에 노란 등이 팍 켜진다!

자막,	작전명 〈생일 잔치〉

노태건	작전 보고하겠습니다. 전 장군이 대통령에게 연행
	승인을 얻게 될 시각은 대략 18시 30분경입니다.

[모션그래픽] 지도 위 이동 동선과 작전시간이 표시된다.

노태건　　　같은 시각, 정 총장 연행도 같이 이뤄집니다.

— 30경비단 본부 앞, 하창수와 윤우명 대령(육사 13기,
하나회)이 함께 갈 체포조 병력을 점검한다.
자막,　　　**참모총장 체포조 (33헌병대)**

노태건　　　연행을 책임질 하창수, 윤우명 대령은 지금
밑에서 보안사 인원 포함 33헌병대 지원 병력을

082

대기시키고 있습니다.

— 사진 클로즈업, 정상호-이태신-공수혁-김준엽이
　기념 촬영한 모습이다.

　　노태건　　만약을 대비해서 수경사령관, 특전사령관, 헌병감.
　　　　　　이 3인을 연희동 술자리에 붙잡아뒀으니까
　　　　　　병력을 출동시키기는 어려울 겁니다.

— 작전실, 두광과 하나회 장성들의 긴장된 표정이 흐른다.

　　노태건　　가장 중요한 건 연행과 동시에
　　　　　　대통령 재가를 받는 겁니다. 이렇게 합법적 절차를
　　　　　　만들면 작전은 성공입니다.

커튼이 좌악- 열리고, 두광은 서류를 쥔 채로 좌중을 돌아본다.

　　전두광　　거 표정들 좋게 하고 계십쇼.
　　　　　　제가 확실하게 매듭짓고 오겠습니다!

전두광을 태운 차량이 막 출발하는데 "학주!"

노태건 소장이 뛰어온다.

전두광   (차창 내리고) 또 와아?

노태건   정 총장이 당신보고 육본으로 오라카는데?

― [교차 화면] 육군본부 복도를 걷는 전두광과 임학주의 긴장된,

전두광	(불안이 엄습) 야... 이거 정보 새뿐 거 아이가?
노태건	말도 안 되는 소리! (애써 진정) 전화 목소리는
	모르는 눈치였어. 침착하자고. 일단 만나봐.

#33.	삼각지 육군본부 참모총장실 입구와 내부	늦은 오후

자막,   17시 30분 / 참모총장 집무실 도착

부관	보안사령관 왔습니다.
전두광	(들어가는) 총장님. 부르셨습니까.
정상호	우리 전 장군 속마음. 내 다 압니다.
전두광	!!??
정상호	왜 모르겠습니까 내가~? (다가오는)
	동해로 발령 낸다는 얘기 듣고 얼마나 당신 속이
	상했겠소~ 뭐, 군인이 나라 지키는데 어디면
	어떤가? 군대 쇄신을 위해 힘을 좀 보태주시게.
전두광	(호흡) 그럼요. 마땅히 그래야죠. 괘념치 마십시오.
정상호	(감동) 아! 내 부른 이유는 다름이 아니고,
	요즘 시국이 어수선하고 북에 대한 경각심도
	느슨해졌고. 곧 김 부장 공관에 온 국민의 관심이

집중될 거 아닌가?

전두광   (긴장을 못 푸는)

정상호   김 부장이 최후 진술에서 용공분자를 경계하자는

         얘길 좀 해주면 어떨까 하는데~

전두광   대단히 좋은 생각이십니다.

정상호   암튼 마무리 잘 부탁하네. 유종의 미를 거둬야지.

비로소 안도감을 느끼지만,

그 와중에도 두광의 머리가 핑핑 돌아간다.

전두광   총장님! 지난번 조사 관련해 보고드릴

         사항이 있는데, 이따 정보처장 시켜

         공관에 찾아봬도 괜찮으시겠습니까?

정상호   내일 하면 안 되나?

전두광   잠깐이면 됩니다.

         법원 놈들이 하도 급하다고 난리라서요.

#34.	육군본부 건물 앞	늦은 오후

뒷좌석에 오르는 전두광.

긴장이 풀리는지 후우~ 담배 하나 달라는 손짓.

임학주	무슨 일로 부르신 겁니까?
전두광	담배 줘. (불붙이고 맛나게 한 모금)
	내가 잔칫날 제대로 잡은 거 같다. 흐흐.
	노 장군한테 무전 때리라. 그대로 간다구.

| #35. | 세종로 달리는 차량 행렬 | 황혼 |

하창수, 윤우명을 태운 검정 세단과 체포조를 태운 미니버스가
퇴근 시간의 혼잡한 세종로를 통과.

자막,   18시 10분 / 참모총장 체포조 세종로 통과

| #36. | 연희동 골목 – 고급주택(요정) 앞 | 어스름
저녁 |

어둑해진 연희동 주택가 골목.

검정 세단이 번듯한 2층 양옥집 앞에 멈춘다.

한복 차림의 마담과 젊은 여성 둘이 마중 나왔다.

자막,   18시 20분 / 연희동 주택가 비밀 요정

이태신	(어이없는) 뭐야 여긴?
	전두광이는 이런 곳에서 술 마시나?

낯익은 원경 대령이 경례를 척, 뒷좌석 문을 연다.

원경	오셨습니까, 사령관님!
이태신	원경?
원경	네.
이태신	자넨 왜 여깄나?
원경	전 장군께서 총장님 호출받아 가셔서
	조금 늦어지신다고, 그동안 제가 대신 장군님들
	모시라고 하셨습니다.
이태신	주인공이 없어? (차 문을 닫는) 가 그냥.
강동찬	예?
이태신	뭐 해 안 가고? 필동으로 복귀해.
원경	(다급한) 사령관님, 사령관님!

그때 앞을 막는 다른 차량, 풍채가 늠름한 공수혁이 내린다.

자막,	**공수혁 소장 / 특전사령관**

공수혁	(반갑게) 오~ 이 장군!

#37.	삼청동 국무총리 공관 입구 위병소	밤

총리 공관을 지키는 위병소. 전두광을 태운 차량이 도착한다.

위병 무슨 일이십니까?

임학주 (신분증) 보안사령관님이시다.

"차렷, 경례, 충성!" 경례를 받으며, 유유히 통과하는 차량.

뒷좌석의 두광, 힐끔 보면 위병소장 이용수가 경례한다.

자막, 18시 28분 / 국무총리 공관 위병소를 통과하는 전두광

#38.	한남동 공관촌 위병소, 한남슈퍼 앞	밤

공관촌 입구 바리케이드 앞에 멈추는 슈퍼살롱.

자막, 18시 30분 / 한남동 공관촌에 도착한 참모총장 체포조

김 일병 무슨 일이십니까?

보안사 보안사 정보처장님이시다.

해병이 확인한다. 하창수가 경직된 얼굴로 바라본다.

자막, 하창수 대령 / 보안사령부, 하나회

김 일병　　　배 병장님! 확인됐습니다!

| #39. | 삼청동 국무총리 공관 앞, 공관 1층 계단 | 밤 |

공관 입구에 도착하는 전두광의 슈퍼살롱(구형 세단).

　　자막,　　　국무총리 공관 (대통령 임시 집무실)

대통령 경호실장 강관호(육사 13기)가 반갑게 인사한다.

　　경호실장　　오셨습니까 형님!

　　전두광　　　아이고. 강 실장님 오랜만입니다.

　　경호실장　　먼 길 오셨습니다. 들어가시죠.

차량에 남겨진 임학주는 잔뜩 긴장한 얼굴이다.

| #40. | 한남동 공관촌 위병소 | 밤 |

헌병백차와 버스가 멈추고 김 일병이 다가온다.

　　염길록　　　(태연하게) 공관 경비 교대 병력이야.

김 일병 시선으로, 버스에 헌병들이 가득하다.

    자막,   18시 40분 / 체포조 지원 병력 공관촌 도착

위병소 고참 배 병장에게 달려오는 김 일병.

    배 병장   어우 야 교대 병력인데 얼른 들여보내.

    김 일병   그게... 평소보다 훨씬 많습니다.

    배 병장   아이 씨 뭐라는 거야?

염길록 대령은 초조하다... 배 병장과 김 일병이 함께 나온다.

    배 병장   (경례) 차량 내부를 수색하겠습니다.

                    전원 하차해 주십시오.

    염길록   어이, 적당히들 하지.

    배 병장   예 알겠습니다. 저희가 규정 때문에...

버스에서 쏟아져 나온 헌병들이 김 일병부터 제압한다.

순간 염길록 대령도 배 병장을 권총으로 위협 "이 새끼가!"

#41.	**한남동 총장 공관 응접실**	**밤**

하창수와 윤우명 일행이 들어서는데,

총장 경호원 권형진 준위가 앞을 막아선다.

　　권 준위　　면담 인원이 네 명이나 되십니까?

동행한 보안사 사복 요원 두 명은 부속실로 들어간다.

　　권 준위　　이쪽으로 가시죠.

응접실 소파, 하창수와 윤우명이 초조하게 기다리는 모습.

#42.	연희동 요정	밤

수경사령관, 특전사령관, 헌병감이 다 모였다.
　　자막,　　　18시 50분 / 연희동 요정

　　원경　　　이제 귀여운 애기들 노는 거 한번 보시겠습니까.

　　이태신　　전 장군 여기 오는 거야? 안 오는 거야?

　　원경　　　아 그게... 전 장군 언제 오는지 제가 총장님 공관에

　　　　　　　확인을 한번 해보도록 하겠습니다.

　　이태신　　됐네. 마담, 여기 전화기는 어디 있나??

　　원경　　　(당황, 나서며) 장군님, 제가 걸겠씁다!

이태신 자네는 잠자코 있어. (일어나는) 선배님, 제가 총장님 공관에 확인 좀 해보겠습니다.

공수혁 거 앉아 있지~

마담 전 장군님 금방 오실 거예요.

김준엽 원 대령, 빨리 가서 전화해!

원경 네, 알겠습니다.

#43.	국무총리 집무실	밤

개각발표문을 만년필로 적고 있던 대통령 최한규.

전두광이 신속하게 들어와 경례! *"충성!"*

자막, **최한규 대통령**

전두광 각하, 늦은 시각까지 불철주야 노고가 많으십니다.

최한규 (못마땅) 아니, 어쩐 일입니까?

전두광 각하께서 지금 결재해 주실 사안을 가져왔습니다.

최한규 이 시간에 결재요?

전두광 네, 정말 죄송합니다. 워낙에 긴급한 사안이라서.

자막,　　　참모총장 공관 응접실

정 총장이 나온다. 벌떡 일어서는 두 사람에게,

정 총장이 손짓으로 앉으라고,

정상호	앉어 앉어.
	내가 집사람하고 외출해야 돼서 좀 서두릅시다.
	(윤우명을 알아보고) 오랜만이네~ 앉아 앉아 앉아.
	(하창수에게) 보안사 정보처장이랬나?
하창수	예, 그렇습니다.
정상호	보안사령관이 급한 거라던데, 내용이 뭔가?
하창수	김동규 재판 관련해...
	총장님 진술이 필요해서 말입니다.
정상호	내 진술? (불쾌한) 아이 그게 또 뭐가 또 필요해?
하창수	예... 아주 간단한 질문만 드리면 됩니다.
정상호	그래? 거 뭔진 잘 모르겠지만 여기서 바로 하지.
하창수	여기는 좀 그렇고, 녹음 준비가 돼 있는 곳으로
	같이 가주셨으면 합니다.
정상호	(멈칫) 녹음을 하러 가?
하창수	예.
정상호	(표정이 굳는, 빤히 응시)

하창수, 윤우명   ......

정상호   방첩 부대장을 했던 내가 그 말이 무슨 의민지
         모를 줄 알아?

하창수   김동규의 새로운 진술이 나와서 그렇습니다.

정상호   무슨 진술을 어떻게 했는데?

하창수   총장님과 연관된, 금전 관계가 있었다는
         진술입니다.

정상호   이 사람들이! 나하곤 무관한 일이라고 결론 났잖아!

하창수   재조사하라는 상부 지시가 있었습니다.

정상호   상부? 야 이놈들아! 내가 늬들 상관의 상관이야!

누가 그딴 지시를 해? 대통령께서 하셨다면 모를까!

그런 지시를 대통령 각하가 했단 얘기야?

하창수   (머뭇...) 예, 그렇습니다.

— 총장 공관 뒤편, 보안사 양 준위가 M16을 들었다.

정상호   그럴 리가, 어제도 나하고 통화를 했는데...

(크게) 어이 부관, 부관!

부관   (급히 나온다) 네, 총장님!

정상호   지금 바로 대통령 각하께 전화드려. 내가 지금

급한 용무로 드릴 말씀 있다고, 긴급으로 넣어!

부관   알겠습니다.

부관이 부속실로 들어가고, 보안사 요원 둘이 급히 나온다.
하창수가 다급하게 두 사람을 붙잡고 무어라 얘기한다.

정상호   야 니들 뭐야? 뭐 하는 새끼들이야!

하창수   (요원들에게) 빨리 막아.

전화 못 하게 막으라고 새끼들아!

권총을 뽑는 보안사 둘, 부속실로 들어가자마자 **탕탕탕탕!**
부관들을 향해 난사한다.

정상호	뭐, 뭐야?!
윤우명	(총구 겨누며) 총장님 같이 가십니다!
하창수	움직이지 마!
권준위	총장님~

튀어나온 권 준위가 총을 겨누지만,
정 총장이 뒤엉킨 상태라 방아쇠를 당기지 못한다.

권준위	총 내려, 이 새끼야!
정상호	해병~
하창수	(요원들에게) 뭐 해, 새끼야!

보안사들이 총을 쏜다. 대응 사격하는 권 준위.
탕탕탕 총알이 권 준위의 귀를 스친다.
총격이 난무하는 응접실! 바닥으로 나뒹구는 정 총장을
짓누르는 윤우명. 탕탕탕-탕탕-

#45. | **삼청동 국무총리 집무실** | **밤**

종잇장 넘기는 소리만...
대통령이 〈정상호 총장 연행 보고서〉를 찬찬히 읽는다.

#46.	연희동 요정	밤

이태신   전 장군이 아무래도 못 오는 거 같습니다.

공수혁   ?!

김준엽   수도권 방위책임자 셋을 한데 모아다 놓고

               기다리게 하고 말입니다.

공수혁   어이 원경?

원경   네. (눈치 백단)

공수혁   전두광이는 어떻게 된 거야?

원경   아 네... 총장 공관에선 출발했다고 합니다.

         아마 차가 많이 막히는 것 같습니다.

#47.	한남동 총장 공관 식당	밤

식당 서랍장에서 M16을 꺼내는 권 준위,

    자막,   19시 05분 / 참모총장 경호원 총격 대응

#48.	삼청동 국무총리 집무실	밤

서류를 꼼꼼히 읽는 최한규 대통령.

그 앞에서 전두광은 열중쉬어 자세로 기다린다.

| #49. | 연희동 요정 | 밤 |

한복 여인 둘이 장구춤을 춘다.
식사테이블에서 관람하는 일행...

　　　이태신　　　형님, 10분만 있다가 일어나시죠.
　　　공수혁　　　!... (곰곰이)

M16을 겨누는 권 준위.
정 총장을 붙잡은 하창수, 윤우명과 대치한다.

권 준위   꼼짝 마!

하창수   비켜 임마!

타타타타타! 위협사격 하는 권 준위.
물러서는 하창수 일행, 보안사 요원들이 응사한다.
탕탕탕! 몸을 피하는 권 준위,
보안사 요원들과 총격전이 벌어진다.

— 응접실 바깥, 양 준위가 총격전을 보면서 흥분하고...
   M16을 당긴다. 타타타타타!
— 깨지는 거실 창! 응접실로 쏟아지는 총탄!
   권 준위가 쓰러진다. 하창수가 웅크린 채 소리친다.

하창수   사격 멈추라구 새끼들아!!

— 공관 앞, 염길록 대령이 33헌병대를 태운
   버스를 가리키면서

염길록   하차시켜!

| #51. | 경복궁 30경비단 작전실 | 밤 |

노태건이 하얗게 질린 얼굴로 통화 중,

초조하게 지켜보는 장성들,

　　자막,　　19시 07분 / 총격 상황을 보고받은 반란군

　　노태건　　한남동 총장 공관에서, 총격전이 벌어졌답니다.

경악하는 장성들. *"아오 썅!" "씨팔!"* 욕설이 터져 나온다.

　　한영구　　누가 먼저 쏜 거야!

　　노태건　　정 총장은? 정 총장 연행한 거 맞아?

　　　　　　공관 밖으로 나왔는지 대답하라구! 전 장군은?

　　한영구　　재가는 받아야 된다.

　　노태건　　(버럭) 야! 니들은 먼저 전 장군한테 알려야 할 거

　　　　　　아냐!

　　한영구　　전 장군한테 무조건 대통령 승인받아 오라 그래!

　　노태건　　(수화기 막고) 선배님 잠시만요,

　　　　　　제가 지금 헷갈려서 말입니다.

#52.	삼청동 국무총리 집무실	밤

서류를 넘기는 최한규. 내일 청와대로 이사 가는 박스들이
두광의 눈에 들어오고 벽시계는 어느새 19시 10분을 가리킨다.

최한규 이거 다 무혐의로 결론 난 거 아닙니까?

전두광 김동규하고 대질심문해서 혐의점이 정말 없는지...
재수사를 해야 합니다.

탁- 서류 덮는 최한규. 빤히 두광을 본다.

#53.	한남동 총장 공관 외부	밤

자막, 19시 13분 / 총성을 듣고 출동한 해병경비대

정 총장을 연행하는 하창수와 염길록,
그때 해병대 트럭이 달려와 멈춘다. 끼이익~
해병경비대와 33헌병단이 한곳에 뒤섞이는 상황이 벌어진다.

정상호 (몸부림) 해병! 해병!

하창수 씌워! (총장을 야전잠바로 씌운다)

해병경비대 소령이 갸우뚱 쳐다본다.

안 소령	거기 무슨 상황입니까?
염길록	긴급 작전 중이니까 뒤로 빠져!
안 소령	(이상한 움직임을 발견) 거기 멈춰! 동작 그만!
정상호	(얼굴을 드러내며) 해병!!
안 소령	총장님?!

하창수가 쏴버린다. 탕! 깜짝 놀라는 양측 병사들,

순간 염길록 대령이 무차별 난사한다.

타타타타타! 해병과 헌병들이 서로 뒤엉킨 상태로

총을 쏘아대며 육탄전을 벌인다.

피아 식별이 안 되는 근접 상황에서 총격전!

타타타타-타타타타타타!

정 총장을 납치한 차량이 병사들을 뚫고 나간다. 부아앙~

| #54. | 한남동 국방부장관 공관 | 밤 |

자막,　　국방장관 공관 (한남동)

잠옷 차림의 국방장관이 커튼을 살짝 열어 참모총장 공관의

총격전을 바라본다. "여보~" 어깨에 손이 닿자,

화들짝 놀라는 오국상, 그의 처는 더 놀랐다.

오국상 처　까짝이야! (커튼 바깥을) 전쟁 났어요?

　　　　　　우린 어떡한데요...

| **#55.** | **한남동 공관촌 도로 - 위병소** | **밤** |

내리막길을 달리는 슈퍼살롱. "뒤에 차 내려옵니다!"

해병대 1개 분대가 멈추는데 그대로 뚫는다.

퍽퍽, 퍽! 해병들이 튕겨 나가는...

정 총장을 납치한 슈퍼살롱이 공관 정문을 빠져나간다.

　　자막,　　　19시 15분 / 정상호 총장 강제연행

| **#56.** | **삼각지 육군본부 외경, 1층 복도** | **밤** |

　　자막,　　　육군본부 (삼각지)

어둠 속 연병장을 가로지르는 민성배 참모차장.

헉, 헉 하얀 입김을 뿜어대면서

— 1층 복도, 민성배를 맞이하는 당직부관.

107

당직부관	참모차장님! 총장님 공관에서 총격이
	발생했답니다!
민성배	알어 알어. (숨 차) 그거 땜에 총장님 사모님이
	전화해서...

| **#57.** | **공관촌 아래 한남국민학교 앞** | **밤** |

주민들이 무슨 일인가 싶어 나와 있다.

통제하는 헌병들, "이쪽으로 오시면 안 됩니다. 물러나십시오!"

국방장관 가족이 비탈을 내려와 "택시, 택시!"

아내와 아들, 딸과 함께 탑승한다.

택시기사가, "어서 오세요~ 어디로 모실까요?"

부웅~ 남산 방향으로 달리는 택시.

    자막,   19시 18분 / 국방장관 공관촌 밖으로 피신

| **#58.** | **연희동 요정 여러 장소** | |

— 이태신이 다른 방문을 열고 살피는데,

  마담이 화장실에서 나온다.

이태신	원 대령 어디 갔나?
마담	(시치미) 아까 화장실에서 나오셨는데... 어딜 가셨지?

그때 침대방에서 들려오는 원경 목소리.
"뭐? 아이 왜 총을 쏘고 지랄이래냐?"

| 원경 | 그 총장님 연행은? |

방문이 드르륵! 이태신한테 딱 걸렸다.
커다란 덩치가 당황하여 쪼그려 앉는다.

이태신	원경! 너 거기서 뭐 해? 이리 나와.
원경	(꾸물꾸물 일어서고)
이태신	이리 나와!
원경	(바지를 올리며 태신을 지나친다)
이태신	원경! 거기 안 서?

원경은 밖으로 도망치고,
"사령관님!" 강동찬이 동시에 들어선다.

| 강동찬 | 한남동 총장 공관에서 긴급 상황이 터졌습니다! |

이태신   !! (강동찬 표정만 봐도 위급 상황)

김준엽   무슨 일이야? (공수혁과 뛰어온다)

#59. | **삼청동 국무총리 집무실** | **밤**

전두광   각하께서 승인만 해주시면 정 총장 수사는

아무런 문제가 없습니다!

최한규   어허~ 전 장군한테는 직속상관이고, 엄연히

국무회의 의결을 거쳐 임명된 계엄사령관입니다.

내일 국방장관님 모시고 다시 오세요.

(서류를 돌려준다)

전두광   (이게 아닌데...) 내일은 늦습니다.

가능하시면 지금 재가를 부탁드립니다.

#60. | **국무총리 공관 1층 복도**

임학주가 들어오려는 걸 경호원들이 막고 있다.

경호실장   밖에서 대기하라니까. 기다려!

마침 따르릉! 경호실장이 탁자의 수화기를 올리면,

임학주가 귀를 쫑긋한다.

#61.	**육군본부 B2 벙커, 국무총리 공관 1층 교차**	

— 비상호출을 받은 장성급 지휘관들,

　　그 중심에 민성배 참모차장이 수화기를 쥐고 있다.

　　자막,　　　19시 30분 / 육군본부 B2 벙커

　　민성배　　대통령 각하는 별일이 없다 이 말씀이시지요?

　　경호실장　　예, 아무 일도 없습니다. 예...

　　　　　　　그런데 무슨 일이 있었습니까?

#62.	**필동 수경사 상황실**	밤

문을 박차고 들어서는 이태신과 강동찬.

"사령관님 오십니다!" 수경사 참모들이 차렷한다.

　　자막,　　　19시 33분 / 이태신 수경사령부 복귀

　　이태신　　(둘러보며) 다들 오고 있나?

정보참모	30, 33경비단장 모두 연락이 되질 않고 있습니다.
이태신	헌병 부단장은 어디 있나?
부관	(수화기 쥐고) 허동윤 중령 지금 오고 있습니다.
이태신	그거 허동윤이야? (마음이 급한) 이리 줘봐.
	허 중령! 나 사령관이야. 이쪽으로 오지 말고,
	APC(장갑차)하고 기동타격대 데리고
	곧장 한남동 공관으로 바로 가.
강동찬	사령관님! 저기...

총상을 입은 권 준위가 부축으로 들어오고,
바닥에 철철 흐르는 피!

강동찬	의무대에 연락해, 빨리!
이태신	병원으로 가야지 왜 이리로 데리고 와!?
	권 준위, 자네 괜찮나?
권 준위	보안사 놈들한테, 공격을 받았습니다.
이태신	(충격) 보안사가? 총장님은?

| #63. | 이동 중인 이태신 지프,
삼각지 육군본부 B2 벙커 앞 - 교차 | 밤 |

퇴계로 골목을 가로지르는 군용지프 두 대.

운전하는 강동찬, 그 옆에서 이태신은

김준엽 헌병감과 통화 중이다.

김준엽 지금 육본 벙커 도착했습니다. 전 장군 소재부터

일단 알아보겠습니다.

이태신 예, 난 한남동 공관으로 가고 있습니다.

헌병감은 보안사, 총리 공관 쪽 샅샅이 뒤져서

전두광 이놈을 꼭 잡으셔야 합니다.

그놈을 잡아서 먼저 왜 총장님을 공격했는지...

| #64. | 30경비단 작전실, 국무총리 1층 복도 | 밤 |

— 작전실의 불안한 눈동자들은

노태건이 통화하는 걸 지켜본다.

자막, 대통령 재가를 기다리는 반란군

노태건 니들은 아직까지 대기만 하고 있음 우째자는 거야!

113

— 총리 공관에 경호 인력이 증원되는데,

전화통을 붙잡은 임학주는 난감할 따름이다.

임학주   말씀을 전할라고 해도 제가 어떻게 해볼 도리가

없습니다! (뚜우~)

#65.	**삼청동 국무총리 공관 위병소,** **삼각지 육군본부 B2 벙커, 30경비단 정보실 교차**	**밤**

전화벨이 울린다. 총리 공관 위병소장이 "어, 됐어. 하던 거 해."
자신이 직접 수화기를 든다.

자막,   19시 38분 / 국무총리 공관 위병소

이용수   통신보안! 총리 공관 위병소장 이용숩니다.

자막,   육군본부 B2 벙커

김준엽   나 헌병감이야. 거기 특이사항 없나?

이용수   예, 충성! 보안사령관 방문하신 거 말고 별일

없습니다.

김준엽   (놀람) 보안사령관이 거깄어?!

이용수   예, 대통령 각하 면담 중이신데 한 시간쯤

지났습니다. 근데 왜 그러십니까?

자막,   B2 벙커 통신을 감청하는 반란군

— 30경비단 정보실, 문일평 대령이
  김준엽-이용수의 통신을 감청하고 있다!

김준엽   내가 질문하면, 너 똑바로 말해라.

이용수   예. 말씀하십시오.

김준엽   너, 하나회야?

문일평   !!!

이용수   예? 저는 절대 아닙니다! 그런 거.

김준엽   알았어, 이제부터 내 말 잘 들어...

           전두광 소장이 나오면 그 즉시 체포해!

이용수   (놀람) 에??

— 문일평이 하얗게 질린 얼굴로 헤드폰을 벗는다.

문일평   노 장군님 불러. 빨리!

— B2 벙커, 이용수와 통신하는 김준엽.

김준엽   전두광이 참모총장님을 납치했다.

           눈치채게 해선 안 돼.

...헤드폰을 끼고 나란히 듣는 노태건과 문일평,

    김준엽   최대한 신중하게 체포해야 돼.

                전두광이가 반항할 경우에 발포해도 좋으니까...

                무조건 체포해!

충격에 휩싸인 노태건, 헤드셋을 벗어 던진다.

| #66. | 국무총리 공관 1층 복도, 30경비단 작전실 교차 | 밤 |

전화기 점멸등이 번쩍이자 경호실장이 수화기를 든다.

경호실장 경호실장입니다.

노태건 강 실장, 나 노태건이오.

경호실장 아, 노 장군님.

노태건 거기 전 장군 따라간 우리 사람 있죠.

그 임 중령 말이오.

경호실장 아 임 중령!

임학주 (전화 받는) 저 바꿨습니다.

노태건 너 전 장군 모시고 당장 철수해!

임학주 아직 각하 면담 중이십니다.

노태건 당장 업고 튀어 오라구!!

임학주 (뚜우~) !......

경호실장 임 중령, 일루 와봐.

임학주 (다가온다)

경호실장 너 지금 무슨 상황인지 나한테 똑바로 말해.

자막, 대통령 경호실장 / 육사 13기, 하나회 최한규가 국무총리와 통화한다.

전두광은 여전히 앞에서 뒷짐 진 자세다.

최한규 국방장관님 연결되면 연락주세요. (수화기 놓는다)

전두광 각하, 시간이 없습니다. 더 늦어지면 안 되는

중차대한 문젭니다.

최한규 내가 몇 번을 말합니까?

원칙대로 동의를 얻어 오라지 않아요!

전두광 (발끈) 원칙이!! (꾹 참으며) ...원칙 중요하지요.

그래서 정치적인 결단을 내려주십사, 간곡히

요청드리는 겁니다. (허리를 90도로 접고 고정!)

최한규 이봐요 보안사령관. (단호히) 나는요, 정치

그렇게 할 생각 없습니다!

천천히 허리를 펴는 전두광, 벌겋게 달아오른 얼굴로

대통령을 무섭게 쏘아본다!! 움찔하는 최한규,

하지만 물러날 생각은 없다. 답답한 침묵이 흐르는데... 똑똑.

경호실장 (들어서며) 대통령 각하. 말씀 중에 죄송합니다.

보안사에서 전 장군을 찾으십니다.

전두광   (버럭) 누가 찾아??

자막,   19시 50분 / 공관촌 입구에서 아군끼리 총격전 발생

수경사령관 지프 행렬이 도착한다. 정문을 사이에 두고
수경사 병력과 해병경비대가 총격전을 벌인다.

허동윤   사령관님 위험하시니까 몸을 낮추십시오.

이태신   총장님 안에 계신 거야? 소재 파악됐어?

허동윤   아 그게... 이제 공관에는 안 계신다는 거 같습니다.

이태신   뭐?? (탕! 탕! 놀라서 몸을 굽히는)

        쟤들은 왜 우리한테 총질해 대는 거야?

허동윤   저 안에서 33헌병대하고 해병경비대가

        교전 중인데, 헌병단은 공관이 습격당해서

        지원을 나왔다고 하고...

강동찬   (무전 마치고) 해병대 최초 보고는

        수경사 마크를 단 헌병대들이 와서 총장님을

        강제 연행해 갔다고 합니다.

#69.	국무총리 공관 위병소, 차량 내부, 육군본부 B2 벙커 교차	밤

전두광을 태운 차량이 위병소를 통과하려고 한다. *"정차~!"*

앞을 막아서는 헌병 숫자가 많다.

> 자막, 19시 55분 / 총리 공관 경비대 전두광 연행 시도

> 전두광 (혼잣말) 경비병이 언제 저래 많이 늘었노?
>
> 진짜 내 잡으러 왔나 보네. 이 새끼들...
>
> 손 대위 (제지하며) 차량 시동 끄고 대기합니다.
>
> (운전자에게) 야. 시동 꺼.
>
> 임학주 ...... (당황)
>
> 전두광 일단 시동 꺼.

시동 끄는 문 중사. 위병들이 거총 자세로

차량 앞뒤를 겹겹이 에워싼다.

> 이용수 (위병소에서) 보안사령관이 탑승한 차량을
>
> 잡아놨습니다.

— B2 벙커, 통화하는 김준엽.

김준엽   좋아! 당장 무장 해제시키고 체포해.

서 장군   김 장군 일루 와.

민성배   (김준엽을 손짓으로 부르는) 헌병감!

— 위병소 내부, 이용수가 손 대위에게 속삭이듯 지시한다.
　명령을 듣는 손 대위 표정이 화들짝!

이용수   야, 우리가 지금부터, 저 보안사령관 체포해야 돼.

손 대위   예? 정말 체포합니까?

뒷좌석의 두광은 위병소 상황을 주시한다.
임학주를 툭 치는, 입 모양만 움직여 (출.발.)
임학주가 무슨 말인지 못 알아들었다. 다시 크게 "출-발!"

문 중사   정문이 닫혀 있씀다.

전두광   (안절부절) 빨리, 빨리!

다시 나타난 손 대위가 오른손을 권총에 올린다.
다른 헌병들도 거총 자세!

손 대위   전원 즉시 차량에서 하차합니다.

임학주   야 대위! 너 뒤에 누가 타고 계신지 알고 이러는 거야?!

손 대위   예, 알고 있습니다. 하차해 주십시오.

운전자부터 하차합니다!

학주, 두광   !!!!

손 대위   야! 하차해.

문 중사는 하차... 전두광은 사태가 심각해졌음을 깨닫는다.

위병   차에서 좀 떨어집니다. 앞으로 이동합니다.

손 대위   (임학주에게) 하차합니다. 하차합니다!

임학주가 느릿느릿 하차한다.

어디선가 걸려 온 전화를 받는 위병소장,

이용수   통신보안.

민성배   *나 참모차장이야. 지금 거기 상황 보고해.*

이용수   예, 보안사령관 차량을 잡아놨고 지금 막

체포하려고 하고 있습니다.

민성배   *(놀라는) 뭐 체포? 잠깐만... 저기 말야 체포하진 말고*

잠깐 대기시켜.

이용수   예? 헌병감이 체포하라고 했습니다.

민성배   *내가 헌병감 보고받고 연락하잖아! 시키는 대로 해.*

김준엽	당장 체포하는 게 맞습니다. 차장님!

— 위병소장이 밖을 향해 소리친다.

이용수	야 잠깐! 손 대위! 대기해~
손 대위	(크게) 장군님은 하차하지 않습니까?
	이대로 대깁니까?
전두광	!!

#70.	공관촌 이태신, B2 벙커 민성배 간의 전화통화	밤

닫힌 정문을 사이로 이태신이 해병소령에게
자초지종을 묻고 있다.

강동찬	(크게) 사령관님, 참모차장님이십니다!
자막,	**참모차장의 이태신 긴급 호출**
이태신	(다가와 받아 들고) 저 이태신입니다!
민성배	이 장군요, 내 허락도 없이 헌병감한테
	체포 명령을 내렸습니까?
이태신	아 차장님... 전두광 소장이 총장님을 납치한
	범인입니다. 당장 체포해서 총장님이 계신 곳을

알아내...

민성배 (자르는) 보안사령관을 체포하려면
계엄사령관의 동의가 있어야 하는 거 모르세요?

이태신 (어이없는...) 그 계엄사령관을 보안사령관이
납치했는데 동의를 어떻게 받습니까?!

민성배 그렇다고 맘대로 그렇게 합니까?

이태신 전두광이 오늘 저녁에 저하고 특전사령관,
헌병감을 불러내고선, 그 시각에 총장님 계신
한남동을 덮쳤습니다. 총장님을 구출하려면
일단 전두광 일당을 체포해서...

민성배 (자르는) 자자 보세요 이 장군! 확실치도 않은데
보안사령관 체포했다가 문제가 생기면,
암튼 일을 좀 크게 벌이지 마세요.

이태신 차장님. (답답한) 일을 벌인 건 제가 아닙니다!

민성배 예예, 끊습니다!

— 수화기를 내려놓는 민성배,
보다 못한 김준엽이 한마디 한다.

김준엽 아니, 차장님! 잠, 잠깐만요. 이러시면
안 됩니다. 이건 전두광과 하나회 애들이
작당하고 벌인 일입니다.

민성배   참... 판단은 내가 한다고 몇 번을 말합니까, 예?

(훈계조) 내가 자알~할게요. 예!

#71. | **국무총리 공관 위병소** | |

차창을 똑똑... 두광이 차량 밖의 임학주에게 입 모양으로,

무어라 이야기한다.

임학주   (차창으로 기울여) 뭐라 하셨씀까?

전두광   정문 열어!

손 대위   (경고) 차량에서 떨어져서 이동합니다.

빨리 이동합니다!

차량에서 떨어지는 임학주. 그때 위병소장이

손 대위를 찾는다. "손 대위, 손 대위! 이리 와봐!"

위병소로 뛰어가는 손 대위를 주시하는 두광...

임학주는 문 중사에게 나직이 명령한다.

임학주   니가 가서 정문을 좀 열어야겠다.

문 중사   !!

위기감에 사로잡힌 전두광의 불안... 손 대위가 위병소장과
대화하는 동안... 문 중사는 슬그머니 정문으로 접근하고...
임학주가 성큼성큼 운전석에 오른다.

위병　　(다급함) 중령님! 안 됩니다! 하차하십시오.
　　　　어, 중령님 뭐 하시는 겁니까!

시동을 거는 학주, 부르릉! 문 중사는 위병들이 차량으로
몰려간 사이 정문에 달라붙는다. 손 대위가 뛰어온다.
두광은 "총, 총 줘" 학주의 허리춤에서 권총을 뽑아 든다.

손 대위　　뭣들 하는 거야? 차량 정차시켜!
임학주　　...출발합니까?
전두광　　빨리 밟아 새꺄, 밟아아! (하면서 창밖으로, 탕!)

손 대위가 쓰러진다. 학주는 힘껏 액셀을 밟아 부아아왕~
정문으로 달려 나간다. 정문을 힘겹게 여는 문 중사,
위병들 차량을 향해 사격하고, 학주는 멈출 여유조차 없는데...

전두광　　밟아!!!

자신들을 위해 정문을 여는 문 중사를 그대로 들이박으며

정문을 나간다. 위병소장과 위병들이 사격한다, 탕탕, 탕탕탕!
어느새 멀어지는 차량 꽁무니...

임학주	(운전하며) 사령관님! 괜찮으십니까?
전두광	나? 나 멀쩡해... (뒷좌석에 누운 채로 살아났다는
	행복감) 요대로 30경비단까지 쭉 가자.
자막,	20시 / 전두광 총리 공관 탈출

| #72. | 한남동 공관촌 입구 한남슈퍼 앞,
삼각지 육군본부 B2 벙커 교차 | 밤 |

운전대를 잡은 강동찬이 정문에서 후진하고,
이태신이 카폰으로 통화 중이다.

이태신	잡았는데 놓쳐요?!
김준엽	정말 죄송합니다. 사령관님.
이태신	아니 거기서 그놈을 놔주면 어떻게 하십니까?

— 김준엽, 스피커폰으로 통화하는 민성배 뒤에
  울화통을 억누른 채 서 있다.

민성배	나 참모차장인데, 지금 이 장군이 그딴 소리 할
	입장입니까? 30경비단, 당신 관할 부대 아니에요?
이태신	맞습니다...?
민성배	전두광, 노태건, 그 하나흰지 뭔지 하는 작자들
	오후부터 죄다 거기 모여 있었답니다.
	사령관이 여태 그것도 모르심 어떡합니까?
	관할 부대 점검부터 하고 다시 통화하든가...

— B2 벙커, 김준엽이 민성배 앞으로 바짝 다가서며
재촉하는 표정으로

김준엽	진돗개 발령을 더 늦추면 안 됩니다.
	바로 하셔야 됩니다!

— 이태신, 헌병부단장에게 지시 내린다.

이태신	어이 허 중령! 내 지시 잘 듣고 그대로 해.
	저 안에 33헌병단 놈들, 총장님 납치하러 왔다가
	해병대한테 포위당한 거야.
	APC 두 대를 바짝 붙여서 해병대랑 같이
	공관까지 밀고 들어가. 알았나?
허동윤	예!

강동찬　(카폰) 사령관님 부대 복귀하신다.

　　　　상황실로 소대장급까지 전원...

이태신　(카폰을 탁 채가는) 나 사령관인데, 장민기, 원경,

　　　　진영도한테 체포 명령 내려. 만약에 반항하면

　　　　바로 사살하라고 해! (소통이 원활치 않은)

　　　　그래 사살 임마! 사살! 쏴버리라구~

#73.	몽타주 : 진돗개 발령	밤

─ B2 벙커 내부. 군 고위지휘관들 도열해 있고

민성배 차장이 방송한다.

자막,　　　육군본부 B2 벙커

민성배　계엄사령관을 납치한 주범들은 현재,

─ 30단 정보실, 문일평이 작전실 스피커에

방송을 연결한다.

민성배　*30경비단에 모여 있는 걸로 확인되며,*

　　　　상부의 명령에 일체 응답하지 않고 있다.

문일평　이거 안에도 나오지?

성난 반란군 장성들, 정보실로 모여든다.

"뭐야?", "어떻게 된 거야!"

— B2 벙커 내부. 방송하는 민성배 차장 뒤에서
　병풍처럼 있는 장성들의 불안감.

　　민성배　　이에 우리는 이 사태를 보안사 주도로 이루어진
　　　　　　　　군사반란 행위로 규정하고, 전시 상황에 준하는
　　　　　　　　것으로 판단, 지휘본부를 육본 벙커로 정한다.

— 수경사로 복귀하는 이태신과 강동찬의 모습이 보인다.

　　민성배　　*금일 20시 20분부로 전군에 진돗개 하나를 발령한다.*

— 30경비단 장성들 놀라며 분노한다.
　　자막,　　　**20시 20분 / 전군 진돗개 하나 발령**

— 30경비단(이하 30단) 입구, 장민기가 전차와 장갑차, 병력을
　세종로 방면으로 출동시킨다.
　　자막,　　　**세종로 방어선을 구축하는 반란군**

　　장민기　　야, 김 대위 뭐 하냐? 빨리 병력 기동시켜!

(다급함) 움직여!

| #74. | 경복궁 30경비단 복도와 작전실 | 밤 |

복도, 작전실 문으로 걸어가는 두광의 뒷모습.

안에서 반란군 장성들의 욕설이 들려온다.

김병준   뭐 정 총장을 다시 돌려보내기라도 하라는 거야 뭐야?

조우택   애초부터 무리였어!

현치성   어우! 이런 쌍!

한영구   형님 내가 그랬죠? 이렇게 될 거 같다구!

배송학   그러게 말이다...

노태건   이럴수록 차분해져야 되지 않겠습니까.

한영구   (버럭) 전두광이 어디 있어? 재가는 받아낸 거야?

덜컹- 문이 열리며, 전두광이 거침없이 들어선다.

눈동자가 한꺼번에 쏠리는데,

전두광   (뻔뻔하게) 그놈의 재가. 아직 못 받았습니다.

장성들   (충격의 쓰나미!!!)

도희철   형님!

전두광	걱정하지 마십쇼. (근거 없는 자신감)
	국방장관 소재만 찾으면 싹 다 해결됩니다.
한영구	이봐아 전 소장! 한남동 상황 들었어?
	어떻게 이 지경으로 만드나!
전두광	(빤히) 이 지경이라니요? 정 총장 연행 성공한 거
	얘기 들었지 않습니까.
배송학	어이 두광이!
전두광	(홱 돌아보는) 예, 선배님?
배송학	진돗개 발령됐단다. 우리 전부 반역죄야!
	인자 모조리 모가지라고!
전두광	왜들 이러십니까!
	진짜 이 정도 각오도 안 했습니까?
일동	(두광의 서릿발에 멈칫)
전두광	(버럭) 실패하면 반역, 성공하면 혁명 아닙니까!
일동	……
전두광	이제 겨우... (손목시계) 몇 시고? 98분 경과했는데,
	싸워보지도 않고 항복하잔 겁니까?!!

반란군들 입 다물고 쳐다본다.
어째 인간이 저리 얼굴 가죽이 두꺼운가 싶은...

전두광	야 누가 가서 국방장관 찾아와~!

우리 아들 풀어서 당장 이리로 끌고 오라고!

어이가 없는 선배와 후배들...

하지만 씩씩거리는 두광에 누구 하나 대거리를 못 한다.

| #75. | 용산 한미연합사 응접실 | 밤 |

한미연합사령관은 통화 중이고,

美대사는 밤늦게 찾아온 불청객을 바라본다.

    자막,   20시 30분 / 용산 한미연합사령부

    미국 대사   Are you OK?

파자마 차림의 국방장관은 생각에 골몰한 채,

커피를 호호 불며 마신다.

    미국 대사   이보세요 국방장관님, Are-you-O.K.?

    자막,   주한 미국 대사

    오국상   (퍼뜩) 오우, 예스~ 아이 엠 파인. 탱큐, 앤 유?

    미국 대사   ? (이거 바본가...) 국방부로 안 가고 왜 여기로

               왔습니까? 현시점에서는 우리 쪽에서

뭘 해드릴 게 없어요.

오국상　밧 엠버서더 (하지만, 대사님) 이프 디스 이즈 쿠데타
(이게 만약 쿠데타라면) 노스 코뮤니스트, 걔네가
롸잇 나우하고 (북한 공산당이 바로 이때다 하고)
'도발할 가능성도 있지 않습니까?'

연합사령관　There is no indication suggesting imminent
North Korean invasion. So, Mr. minister, you will
be more useful somewhere else.
(영) '그런 조짐 없습니다. 장관님은 여기 이러고
있음 안 됩니다.'

오국상　......

#76.	경복궁 30경비단 작전실, 필동 수경사 사령관실 교차	밤

자막,　행방불명된 국방장관

문일평　지금 보안사 채널 다 돌려서 소재 파악하고
있으니까 몇 시간 내로 알아낼 수 있을 겁니다.

전두광　......

한영구　난리 통에 그 양반은 어딜 갔다는 거야 대체?

어휴, 국방장관이란 인간이...

사방에서 "국방장관 어딨는 거야?" "어디 처박혀 있는 거야 이 씨!"
따르르릉! 장민기가 수화기를 든다.

장민기	장민깁니다. (상대방을 확인하는 순간 당황)
이태신	*(수화기로 새어 나오는)* 장민기 거기서 너 뭐 해?
	당장 튀어 오라는 명령 못 들었어!
장민기	(수화기 막고) 이 전화...
	누가 좀 받아주셔야겠습니다.
노태건	누군데?
장민기	이태신. 수경사령관입니다.

일순 긴장!! "대답해라~ 대답 안 해?"
수화기를 뚫고 나오는 목소리, 다들 전두광만 쳐다본다.
한영구 등을 떠미는 현치성... "받아, 빨리 받아~"
각오하고 수화기 쥐는 한영구.

한영구	어이, 이태신이. 나 한영구다.
이태신	형님은 거기서 뭐 하고 계시는 겁니까?
	거기는 제 관할 부댑니다.
한영구	알지 이 사람아~ 일단 자네가 이리 좀 와서

전두광 장군 얘기를 좀 들어봐.

이태신 전두광이 거깄습니까?

좀 바꾸세요, 제가 할 얘기가 있습니다.

한영구 (두광에게) 바꾸라는데...

전두광 (싫다고 절레절레)

이태신 전두광이 너 내 말 듣고 있지?

지금 당장 총장님부터 육본으로 모셔.

반란군 (서로 받으라는데, 자기는 안 받는다고)

이태신 거기 모인 인간들 30경비단이 수경사 소속인 거

알지? 그러니까 지금 당장 원대 복귀해라.

그리고 특히 내 직속 부하, 장민기. 원경, 진영도!

한영구 (배송학에게 수화기 떠맡기는)

이태신 니들 당장 필동으로 튀어 와.

배송학 (마지못해 받는) 어 이 장군, 제발 진정 좀 하시게~

이태신 넌 또 누구야?

배송학 나 배송학 중장이야. 우리들도 자네처럼 나라를

걱정하는, 그런 좋은 마음으로다...

이태신 야 이 뇌가 썩어빠진 인간아! 니덜이 나라를

걱정해서 군사반란질을 하구 처자빠졌어!

배송학 이게 우아래도 없네~

이태신 니들 거기 다 꼼짝 말고 고대로 있어.

내가 탱크 몰고 밀고 들어가서 니들 대가리를

뭉개버릴 테니까!!

쾅, 끊었다. 태신은 지켜보는 부하들에게도
자신의 각오를 밝힌 셈이다.

— 30경비단 반란군들은 태신의 섬뜩한 경고에 위축된다.

전두광   껄껄껄~ (과장) 누가 어디 갑종출신 아니랠까 봐
         말뽄새가 쌍스럽기는~

한영구   지금 웃음이 나와, 어? 저쪽에서 예하부대 출동
         걸면 여기까지 한 시간이야! 대응책을 찾지 못하면
         여기 전부 공동묘지 되게 생겼다고!

전두광   공동묘지 같은 소리 하지 마시고~
         형님은 좀 가만히 계세요.

한영구   뭐야?

전두광   어이 도희철이!

도희철   예 형님.

전두광   2공수가 와야겠다.

일동   !!!!!!

김병준   형님, 공수부대를 개입시키면 우리는 이제
         돌아올 수 없는 길을 가게 되는 겁니다.

전두광   전쟁하면 되잖아!

배송학	정 총장 연행이랑은 차원이 달라~
전두광	(강하게 설득) 정 총장 연행할 때, 전쟁 시작된 거
	아닙니까? 이태신이가 땡크 몰고 온다잖습니까!
	그 새끼는 협박을 안 해요, 진짜로 하지~
	땡크에 깔려 죽을 겁니까?
	아님 우리가 먼저 서울을 먹어버릴 겁니까?

여전히 내키지 않는 표정들...
두광은 노태건과 눈을 맞추며 도움을 청한다.

전두광	9사단장!
노태건	야 전방 병력이야~ 아무리 그래도!
전두광	오늘 밤은 여기가 최전방이야.
	이태신한테 밀리면 우린 다 죽는다고!
현치성	아니~ 전방부대 뺐다가 만에 하나
	북쪽에서 내려오면 우짤라고?
전두광	김일성이 오늘 밤엔 때려죽여도 안 내려옵니다.
	저만 믿으십시오!
한영구	뭘 또 믿으란 거야? 자네 말만 믿고
	이걸 시작했다가...
전두광	(찌릿!) 형님! (다시 태건에게) 9사단장 노태건!
노태건	.... (시선을 피한다)

142

믿었던 친구의 외면에 두광은 화가 났다.

"비켜!" 문을 박차고 나간다.

| #77. | 몽타주 : 수경사 상황실, 육군본부 B2 벙커 | 밤 |

강동찬   30경비단에 수경사 병력이 집결되어 있어서
            방어력이 강력합니다.

자막,   **21시 10분 / 수경사의 반란군 대응 전략회의**

강동찬   하지만 유사시 수경사령관이 지휘 권한을 갖는
            26사단과 30사단이 여기 북과 서에 있습니다.
            문제는 반란군에 가담한 특전삽니다.
            2공수, 6공수, 그리고 여기 4공수 여단장들이 모두
            하나회 핵심인데, 서울에서 가까운 데다가
            기동력도 빠르고 전투능력 또한 막강합니다.

이태신   여기 8공수는 여단장이 하나회가 아니다.
            나처럼 갑종출신이거든... (지휘봉으로 지도를)
            먼저 8공수를 출동시키면 된다. 동시에 30사단,
            26사단이 서울로 들어오고, 3군사령부에 요청해서
            수기사까지 들어오면, 놈들은 경복궁에 고립된다.

일동   (다소 밝아지는)

이태신   (북한산 가리키며) 전차부대장은 아직도 연락 안

돼나?

인사참모 연락은 됐는데... 거기 부대장이 진영도 쫄다구라서 말을 안 듣습니다.

이태신 (어금니 꽉) 김포 야포부대. 거긴 누가 하나회야?

야포단장 한 마리도 없습니다.
야포단은 사령관님 명령만 따를 겁니다!

이태신 좋아... (눈빛으로 고마운) 여기! 누가 또 하나회야?

#78. 경복궁 30경비단 복도, 작전실

복도에서 거친 숨을 내쉬는 전두광, 화를 애써 억누르는데...
노태건이 작전실에서 나온다.

전두광 저 빙신 새키들이 잔뜩 쫄아가지고~
(힐끔) 니도 똑같애 임마! 겁쟁이 새퀴~

노태건 (발끈) 내는 임마! 니 하나 믿고 여까지 왔다.
근데 니가 이래 말할 수 있나?

전두광 그라니까~ 그라니까 이 씨발눔아
이럴 때 쪼메만 도와됴~

노태건 (고민하는)

전두광 노 장군!

노태건   ......드가자.

환해지는 전두광. 친구의 어깨를 양손으로 꽉 누르고
들어가는데,

노태건   내는 겁 안 묵었다.

전두광   (돌아보는)

노태건   니 알제?

전두광   (수긍하듯 씨익) 드가자.

[점프] 작전실 내부, 노태건이 장성들 앞에 서면서

노태건   저는 결정 내렸습니다. 열차가 앞만 보고 달리는데,

           여기 뛰어내릴 사람 있습니까?

일동   ...???

노태건   (질끈) 9사단은, 2개 연대를 출동시키겠습니다.

"뭐어?" 반란군 장성들 술렁인다.
결국... 갈 데까지 가는구나... 두려움이 엄습해 온다.
전두광이 출입문을 활짝 열어젖힌다.
장성들과 일일이 눈을 맞추면서

전두광	이제라도 집에 가실 분은 안녕히 가십시오.
일동	(조용)
전두광	이 문 닫기모 이 전두광이랑 끝까지 가는 겁니다!

생사의 결정을 앞에 둔 반란군 장성들...
가장 비협조적이던 한영구가 뚜벅뚜벅 문가로 나간다.

한영구	(쾅, 문을 닫고는) 전 장군.
	우리가 뭘 해드리면 되겠소?
전두광	!! 여기는 노 장군한테 맡겨두고, 저하고
	대통령한테 다시 재가받으러 가시죠.

마침내 전두광은 무리의 왕이다!
늑대 무리는 우두머리에게 충성을 결심했다.

#79.	9사단 연병장, 30경비단 작전실 교차	밤

30경비단의 노태건과 9사단 연병장에서
부사단장이 심각하게 통화한다.

자막,	최전방 주둔 9사단

노태건	도착지는 서울 중앙청이다. 부대 출발해.
부사단장	사단장님. 저희가 주력부대를 후방으로
	이동시키는 게 맞습니까?
노태건	전쟁이 나면 오늘 밤 서울에서 날 거야.
	내 말 무슨 말인지 이해했나?
부사단장	저는 사실 이해가 잘 안 됩니다.
	어떻게 전방부대를 서울로 뺍니까. 사단장님?
노태건	김 장군, 내가 한 얘기를 또 하고 또 하고 그래야 돼?
	김일성이 안 내려옵니다!
	(간청) 이 사단장을 좀 믿어주세요!

지켜보는 도희철... 불안이 그의 영혼을 잠식한다.

#80.	육군본부 B2 벙커	밤

서 장군	그나마 다행인 건 수도권 최고 명령권자들이
	전부 우리 편이라는 겁니다.
민성배	(끄덕) 누가 봐도 우리가 유리한데~
	저것들이 뭘 믿구... 참~
오 장군	그러게 말입니다.
자막,	**B2 벙커 진압군 장성들의 전략 부재**

황 장군	차장님. 먼저 대화를 유도하면서
	시간을 질질 끄는 겁니다. 그럼 절마들도
	지쳐가지고 대가리 수그리고 들어오...
김준엽	(자르며) 황 장군님! 시간을 끌면 어떡합니까?
	초동대처가 가장 중요한데!
황 장군	아이 깜짝이야. 헌병감... 사람 옆에 두고
	소리 지르면 내가 무안하잖아요~

#81.	경복궁 30단 작전실	밤

휑하다... 노태건이 지켜보고, 전화통을 쥔 도희철이
다이얼을 돌리다 망설인다.

자막,	도희철 준장 / 2공수 여단장, 하나회

도희철	형님... 이래도 되는 겁니까?
노태건	(부라리며) 형이 걸어주까?
도희철	후우~ (마지막 번호 드르륵) 어, 내 여단장인데...
	지금 2공수, 전원 무장시켜 출동한다.
	야, 어버버하지 말고 잘 숙지해 쫌!
	출동 목표는. 삼각지 육군본부다!

빠르게 복도를 걷는 공수혁 특전사령관과 인사참모.

자막,　　21시 25분 / 특전사령부 (송파)

공수혁　　2공수, 4공수가 보고를 안 한다고?

부속실로 들어서는데 수행부관 오 소령이 보고한다.

오진호　　사령관님, 수경사령관입니다.

[Cut to.] 통화하는 이태신과 공수혁.

특전단의 기념사진 액자가 빼곡한 벽면이 눈에 들어온다.

이태신　　걔들 다 하나휩니다! 절대 믿으시면 안 돼요.

　　　　　　그놈들도 지금 한꺼번에 움직이고 있는 겁니다.

　　　　　　그러니까 형님이 8공수를 지금 당장, 30경비단으로

　　　　　　출동시켜 주셔야 함다!

자막,　　**수경사령관-특전사령관의 대응 전략 논의**

공수혁　　8공수는 지금 동계훈련 마치고

　　　　　　자대 복귀 중일 텐데요.

이태신　　당장 불러들이셔야 합니다.

시간이 분초를 다투는 상황입니다.

공수혁   알았어요. 알았어... 그렇게 할게요.

         (전화 끊고 심란한... 인터폰 누르고) 오 소령,

         아직도 2공수, 4공수 응답 없나?

벌컥- 문이 열리며, 오진호가 들어온다.

오진호   사령관님, 2공수가 서울로 출동했습니다!

공수혁   뭐?

#83.	경인 간 지방도로, 특전사령부 부속실	밤

자막,   서울로 출동하는 2공수

그르르르 굉음을 뿜는 장갑차(APC)가 노변 포장마차를

와지직! 산산조각을 내며 질주한다.

2공수 여단 차량들이 조용한 마을의 도로를 줄지어 달린다.

이 대령과 변 소령의 지휘 차량으로

특전사령부 오 소령의 무전이 들어온다.

자막,   오진호 소령 / 특전사 전속부관

오진호   참모장님! 전속부관 오진호 소령입니다.

응답해 주십시오! 사령관님께서 지금 당장

부대로 복귀하시라고 지시하셨습니다...

이 대령   (난감한) 여단장님은 출동, 사령관님은 부대 복귀.

참 대체 뭔 일이냐 이게?

변 소령   끄고 갈까요?

자막,   육군본부까지 17km

2공수 특전사 행렬. 오버랩 되는 민성배 목소리.

"2공수가 육본으로 온다고?!"

#84.	육군본부 B2 벙커	밤

민성배와 벙커의 장성들 얼굴이 하얗게 된다.

수화기를 든 김준엽이 돌아본다.

김준엽   15km 남았답니다.

민성배   아니, 특전사령관 그 양반은 뭐 하는 거야?!

김준엽   하나회 놈들 쪽 여단장이 보냈을 겁니다.

특전사, 수경사 다 비슷한 상황입니다.

황 장군   아니 도대체 부대 지휘를 어떻게 했길래!

서 장군   2공수면 금방 오지 않습니까.

여긴 방어 병력도 없는데 어떻게 합니까?

김준엽   차장님! 지금은 공세적으로 대응해야 됩니다.

민성배   뭘 어떻게 하자고?

김준엽   가용할 수 있는 전 병력을 당장 투입시켜야죠!

#85.	**필동 수경사 상황실, 3군사령관실 교차**	밤

이태신과 고재영 3군(경기도) 야전사령관이 통화한다.

자막,   제3야전군사령부 (용인)

고재영   대통령이 엄연히 계신데 거 제정신이야 지금?

          저기... 국방장관님은 뭐라십니까?

이태신   연락이 닿고 있질 않습니다.

          총장님을 납치한 사건이라 따지고 말 것도 없이

          이건 명백한 군사반란 행위입니다!

고재영   그러게 말야 그러게 말야~

          상식 이하의 몹쓸 인간들이지...

이태신   일단 2공수부터 막으려면.

          수기사와 26사단을 지금 보내주십시오.

고재영   예 알겠습니다.

          내가 바로 출동 명령 내려놓겠습니다.

이태신	꼭 부탁드리겠습니다!
고재영	예 걱정하지 마세요.

— 전화 끊는 이태신, 하지만 강동찬은 여전히 심각하다.

강동찬	수기사 기갑부대가 출동해도 이동속도가 느려서,
	2공수가 그 전에 한강을 넘을 겁니다.
인사참모	사령관님, 걔네들 기동력이 너무 좋습니다!
이태신	가만있어, 생각 좀 하자... (짜내는) 그러니까
	그놈들이 서울로 오려면, (브리핑룸으로 이동)
	무조건 영등포를 거쳐야 돼! 제2한강교로 오겠지...
	아님 서울대교를 건너거나, 이쪽으로 길게
	돌아와도... 제1한강교를 지나서 오게 된다.
강동찬	하지만 여기 이 다리들을 전부 방어하려면 최소
	사단 병력 이상이 필요합니다.
이태신	아니야. 우리가 막는 게 아냐! (혼잣말) 시민들이
	도와야 돼.
참모들	???(갸우뚱)
이태신	지금부터 수경사 관할 한강 다리를 전면 봉쇄한다.
	양 차선 다 꽉 막아버려!

| #86. | 제2한강교(현 양화대교) 앞 | 밤 |

자막,　　　2공수 서울 영등포 도착

달리는 지프, 2공수 지휘관 이 대령이 전방을 주시하다 놀란다.

"세워!" 무전으로 병력에게, "부대 정지한다. 부대 정지!"

군용트럭과 장갑차들이 끼익~ 끼익~ 급정거한다.

자막,　　　21시 45분 / 제2한강교 (현 양화대교)

망원경 시점, 제2한강교는 양 차선이 시민들 차량으로 뒤엉켜
움직일 틈조차 없다.

| #87. | 경복궁 30단 작전실 | 밤 |

전화로 상황 보고받는 도희철.

옆에서 격앙된 상태로 씩씩거리는 노태건.

노태건	밀고 나가라고! 안 되면 반대 차선을 타면 되잖아!
도희철	(수화기) 야! 그냥 역주행해라~
노태건	특전사 대령이란 새끼가 신호 지키고 자빠졌노~
	이 전시 상황에!
도희철	반대 차선에 민간 차량이 엉켜가지고
	꽉 막혔답니다.

노태건   (맙소사) 야 제1한강교나 서울대교로
          우회하라 그래!

장민기   서쪽으로 제3한강교까지 모든 교각 통행이
          불가능하답니다.

노태건   (낭패... 그러다 퍼뜩) 행주대교! 여는 수경사 관할이
          아니잖아?

장민기   맞습니다.

| #88. | 필동 수경사 상황실, 30사단장 사령관실 교차 | 밤 |

— 수경사 작전지도. 한강 다리마다 차단 표시로 막혔는데,
행주대교만 통행이 열려 있다.

자막,   행주대교 : 수경사 관할이 아닌 유일한 한강 다리

이태신   (수화기) 사단장님, 행주대교는 거기 30사단 관할
          아닙니까? 반란군 놈들이 진입하지 못하게 당장
          막아주셔야겠습니다.

— 30사단장 모상돈 장군이 진지하게 통화한다.

자막,   30사단장 (경기도 고양)

| 모상돈 | 무슨 말인지 이해했습니다. 경비 병력 보강하고 |
| | 확실히 차단하겠습니다! |

| **#89.** | **30경비단 정보실 (이태신과 모상돈 통화)** | **밤** |

통신장비로 감청 중인 반란군.
문일평이 이태신의 통화를 엿듣고 있다.

이태신	필요하면 김포에 있는 저희 야포단 병력을 지원해
	드리겠습니다!
모상돈	아닙니다, 완전무장한 저희 2개 중대가 곧 행주대교에
	도착할 겁니다. 조금만 기다려보십시오.
이태신	잘 부탁드립니다.

문일평이 감청요원들에게 소리친다.

| 자막, | 30경비단 정보실 |

문일평	느그 다 들었지, 어? 행주대교 막히면 끝장이야.
	2공수 막히면 느그 다 남한산성 끌려가
	인생 종 친다고. 지금부터 30사단에 아는 장교들
	싹 다 동원해서 내가 그쪽 사단장이랑 통화할

라인부터 찾는다.

| #90. | 필동 수경사 상황실 교차 | 밤 |

— 수경사 상황실의 인원이 줄었다.

이태신은 나머지를 모아놓고 힘주어 말한다.

이태신   오늘 밤 승부처는, 누가 먼저 서울로 전투 병력을

진입시키는가에 달려 있다.

| #91. | 고양 30사단 사단장실, 30경비단 정보실,
파주 문산 간 국도 교차 | 밤 |

자막,   30사단 사령부 (경기도 고양)

부관   양방향 차단하고 기관총도 배치할 겁니다.

모상돈   오케이, 잘했어!

30사단장이 집무실로 들어서는데 따르릉-

직통전화를 받는다. "네~"

문일평	사단장님! 저는 전두광 보안사령관의 비서실장입니다. 이태신 수경사령관과 통화하신 내용을 방금 듣고 전화 올립니다.
모상돈	너 모야, 이 새끼야! 내 전화를 어떻게 들었다는 거야?
문일평	현재 군 통신망 전체를 저희가 꽉 쥐고 있단 뜻 아니겠습니까?
모상돈	지금 한 말 책임질 수 있어? 너 관등성명 대봐!
문일평	대세가 기울었습니다... 9사단도 오고 있고, 4공수도 출동할 겁니다. 30사단이 행주대교를 막아봤자, 솔직히 시간만 끄실 뿐입니다.
모상돈	야 이 미친 새끼야! 9사단은 전방 병력인데 서울로 불러들여? 니들 돌았어?
문일평	나라를 걱정하시는 여러 장군님들께서도 함께하고 계십니다.
모상돈	이런 씨...
문일평	사단장님의 현명하신 결정, 제가 계속 청취하겠습니다. (뚜우~)

– 파주 문산 간 국도를 거꾸로 내려오는
  9사단의 긴 행렬이 보인다.

자막,	9사단 서울로 진격 (파주-문산 간 국도)

| #92. | 국무총리 공관 위병소 | 밤 |

공관 정문을 습격하는 33헌병단, 진영도-염길록 대령이
진두지휘한다. 단숨에 위병소를 제압한다.

　　자막,　　　반란군(33헌병대) 총리 공관 장악

...무장 해제당한 위병들. 반란군 장성 차량이 줄지어 들어오고
진영도가 척 경례한다.

　　자막,　　　22시 / 2차 대통령 재가 시도

| #93. | 국무총리 집무실 | 밤 |

전두광이 반란군 장성들과 우르르 들어오자
최 대통령과 신임 총리 내정자가 당황한다.

　　전두광　　부대 차렷. 대통령 각하께 경례!

　　장군들　　(힘주어) 충성!!

　　전두광　　바로!

　　최한규　　(최대한 침착함을 유지하는) 전 장군 오늘 밤
　　　　　　　바쁘십니다.

　　전두광　　각하, 송구스럽습니다.
　　　　　　　제가 여기 장군들 모시고 온 이유가...

신봉학   아니, 계엄사령관을 어떻게 했길래
          총격전이 벌어지고 사상자가 발생합니까?

움찔하는 장성들.
그럼에도 두광은 특유의 뻔뻔함을 시전한다.

전두광   경미한 소동은 있었지만... 우리 군 모두가
          정 총장 구속수사를 지지하고 있음을 전하고자
          이렇게 장군들을 모시고 왔습니다.

최한규   그래 국방장관 동의는 받아오셨어요?

전두광   ....

신봉학   계엄사령관을 정당한 절차도 없이 연행하다니,
          어불성설 아닙니까?

한영구   (한 발 나서며) 1군단장 한영구, 한 말씀
          올리겠습니다! 각하의 결정이 늦어질 경우,
          내전까지 벌어질 수 있는 급박한 상황임을
          알아주셨으면 합니다.

신봉학   내전이라구요?

최한규   !!!!

#94.	제2한강교, 행주대교 강북검문소 앞	밤

제2한강교에서 행주대교 방향으로 우회하는
2공수의 차량 행렬이 신속하게 움직인다.

    자막,   2공수 행주대교로 경로 변경

허공에서 행주대교로 내려앉는 카메라. 북단 초입, 두 대의
지프가 달려와 멈춘다.

    자막,   22시 20분 / 행주대교 강북검문소

바리케이드는 설치되지 않았고, 평소처럼 차량 통행이 뜸한...
태신은 당혹스럽다. 강동찬은 강북검문소에 다그친다.

    강동찬   초소장, 수경사에서 나왔는데,

               왜 통제선이 없는 겁니까?

    초소장   설치했다가, 다시 대기 명령으로

               바뀌었지 말입니다.

    강동찬   30사단장님이 통제 명령을 내리셨씀다,

               빨리 나와서 바리케이드 치세요.

    초소장   저희도 사단장님 지시를 받은 건데 말입니다.

    이태신   (다가오는) 사단장님 지시가 맞는 거야?

    초소장   예, 그렇습니다.

전두광　육본하고 약간 소통 문제가 생겼지만,

가서 설명하면 아무 문제 없습니다. 그러자면,

각하께서 지금 바로 재가를 해주셔야 합니다.

신봉학　이것 봐요! 국방장관 동의가 필요하다고

몇백 번을 말해야 합니까?

한영구　총리님. 장관님이 사라져 버려서,

연락이 안 되는 걸 저희가 어쩌란 말입니까?

신봉학　그렇다고 군 최고 통수권자 면전에서

내전이니 뭐니 협박을 합니까?!

한영구　(발끈) 누가 협박을 했다고 그러십니까!!

(혼잣말) 하~ 진짜 말귀 안 통하네에...

최한규　(이놈들...이젠!!)

전두광　한 장군님, 이게 무슨 태돕니까? 우리가 무슨

깡패가 아니지 않습니까?! (대통령에게 넙죽 90도)

각하, 불충한 행동 사죄드립니다.

최한규　내 의사는 분명히 했으니 얘기 끝냅시다.

두광의 표정이 꿈틀꿈틀. 창가로 물러나는 최한규를

계속 압박하는 반란군 장성들.

전두광   (서류를 내던지며) 재가해 주실 때까지

끝까지 기다리겠습니다.

| #96. | 행주대교 강북검문소 내부, 30사단 사단장실 교차 | 밤 |

이태신   (통화) 통제를 왜 그만두십니까?

모상돈   (통화) 좀 전에 장곡검문소에서 보고를 받았는데,

9사단이 서울로 진입을 한답니다.

이태신   9사단이요?!

모상돈   이게 보통 상황이 아닌 것 같습니다, 거기다

2공수까지 들이닥쳐 우리 애들하고 교전이라도

발생하면... 아후~ (한숨까지 생생히 들리는)

이태신   그러니까 2공수 진입을 막아야죠.

여기가 뚫리면 육본 지휘부가 날아갑니다!

모상돈   쟤들이 다 듣는데 제가 어떡하겠습니까?

죄송합니다. (딸각, 끊었다)

충격이 가시지 않는 이태신... 강동찬도 절망적이다.

검문소를 나오는 두 사람.

강동찬   노태건 소장이 기어코 전방부대까지 뺐군요.

이건 북에서 내려와도 상관없다는 거 아닙니까?

이태신　　전두광이 김일성보다 더 무섭다는 거야?

강동찬　　전, 보안사가 통신을 감청하고 있다는 게.

　　　　　그게 진짜 무섭습니다.

이태신　　...!

#97.	행주대교 강북검문소 내부, 경복궁 30단 작전실과 정보실 교차	밤

정보실, 문일평이 헤드폰을 쓰고 있다가,

"전 장병에게 전달한다. 금일 19시 육군참모총장을 납치하는..."

이태신의 무전을 듣도록 작전실의 스피커에 연결한다.

문일평　　다 들리게 스피커 올려.

이태신　　국가반란 행위를 주도한 전두광, 노태건, 배송학,

　　　　　한영구, 도희철. 그리고 이미 사살 명령이 내려진

　　　　　수경사 소속 장민기, 진영도, 원경...

작전실, 노태건과 장민기, 도희철, 원경이 듣고 있다.

겁에 잔뜩 질린 표정들.

자막,　　　수경사령관, 반란군 주동자 사살 명령

이태신 음성이 스피커로 들린다. "보안사 문일평, 하창수,
임학주 등 이상 호명한 반란 주동자 및 이에 동조하는 세력은
현시점 부로 발견 즉시 사살할 것을 명령한다! 반복한다..."
흥분한 도희철, 작전지도판 모형물을 쓸어버린다.

노태건	희철아. 2공수 어디까지 왔어?
도희철	형님! 지는 할 만큼 다 했습니다.
노태건	이 새끼가 형이 물어보면 대답을 해야지.
	2공수 한강 넘었냐고, 안 넘었냐고?

#98.	행주대교 인근 몽타주	밤

태신, 혼자라도 교각을 막아보려고 바리케이드를 밀고 간다.

이태신　　강 대령, 너도 저기 바리케이드 가지고 와. 빨리!

사령관의 절박한 마음을 아는 강동찬, 바리케이드를 찾는다.

강동찬　　(부하들에게) 야 너 저거 가지고 와, 넌 저거 가져와.

초소장은 이 광경을 멀뚱멀뚱 보고...

밤하늘엔 눈발이 날리기 시작한다. 멀리 강변으로 다가오는
불빛 행렬을 발견한 태신, 2공수임을 직감한다!

— 인근 옥상에서 보안사 감시요원이 문일평에게 보고한다.

자막,	행주대교 관측 보안사 요원

감시요원	(무전) 2공수가 행주대교로 거의 접근했습니다.
문일평	2공수가 행주대교로 곧 진입할 거랍니다.
노태건	됐다. 금방 넘겠지?
도희철	(끄덕)

#99.	행주대교 일대, B2 벙커 교차	밤

— 달리는 2공수 지휘 차량, 이 대령과 변 소령이
  굳은 얼굴로 무전을 듣고 있다.

민성배	*2공수 지휘관? 나 참모차장이다! 2공수 지휘관 듣고*
	있나?!
이 대령	(받을 생각 없다)
민성배	*(무전) 당장 부대 복귀해라. 너희가 다리를 건너는*
	순간 아군끼리 교전이 벌어진다. 사상자가 나오면…

난 자네들을 군법회의에 회부해서
최고형에 처할 수밖에 없다.

이 대령   (결심 굳히고, 무전 끈다)

무전이 끊기자 당황하는 민성배.

김준엽   이놈들 멈출 생각이 없는 것 같습니다.

— 2공수 선두가 행주대교 남단에 진입한다.
   보안사 감시요원의 이어지는 보고,

사복요원   행주대교에 진입했습니다.
            (뭔가 발견?) 잠시 대기! 야 저거 뭐야?

교각 중간으로 향하는 이태신,
다급한 마음에 어떻게든 막아보자는 심산이다.
망원경 시점으로, 교각 가운데로 걸어오는 군인 하나.

변 소령   저 미친놈, 저기서 뭐 하는 거죠?

빠르게 걷는 태신의 격앙된 호흡...
결연한 눈빛에 만감이 교차한다.

2공수 선두가 다가오자 태신의 걸음이 멎고,
교각 북단에서 바라보는 강동찬의 불안.

이태신   (호흡) 돌아가라... 제발.

선두 차량과 충돌 직전... 태신도 움찔,
끼이이이익~ 2공수 지휘 차량이 급정거한다.
연쇄적으로 급브레이크음!!!
본능적으로 움츠렸던 태신은 다시 상체를 꼿꼿이 편다.

변 소령   참모장님, 투스타입니다.
이 대령   그냥 밀어붙여.
변 소령   예??
이 대령   밀고 나가라고!

차량을 막아선 태신. 겨울바람과 눈발이 그의 얼굴을 때린다.

변 소령   이러다가 정말 저희 군법회의에 넘겨지는 거
          아닙니까? 상황을 좀 알아보시죠. (무전 연결)
공수혁   나 특전사령관이다! 2공수 복귀해라.

특전사령관의 음성!! 이 대령, 변 소령은 특전사 최고 지휘관의

목소리에 집중한다.

공수혁　너희는 특전사령관인 내 명령을 따라야 한다.

지금 당장 복귀하면 난 어떤 책임도 묻지 않겠다...

너희가 지금 서울로 진입하면 그 즉시 전쟁이야.

그거 알아!!

이 대령, 변 소령　!!

공수혁　지금 당장 자대로 복귀해라.

태신과 2공수 지휘관들 시선이 마주친다.

눈빛만 오가는 침묵...

— 30경비단 작전실, 감시요원의 무전 내용이 황당하다.

문일평　야, 누가 막았다는 건데? 30사단 애들이야?

감시요원　잘 모르겠습니다. 근데, 한... 한 명입니다!

문일평　한 명? 진짜 한 명?

노태건　에이 씨발 뭔 얘기고! 일루 줘바!

문일평　마, 똑바로 보고 안 해?

노태건　줘봐 임마!

감시요원　사람 하나가 행주대교 중간을 막았습니다!

─ 초소장, 30사단장에게 보고한다.

교각 중간에서 2공수가 회차하고 있다.

초소장   (통신) 예, 사단장님. 교각 중간에 멈춰 있습니다.

어? 저 돌아가는데 말입니다.

감시요원   2공수가 행주대교 남단으로 회군했습니다!

문일평   마, 교전 상황이야?

감시요원   교전 상황은 절대 아닙니다!

문일평   이유가 뭐냐고? 왜 돌아가냐고!

도희철   아... 이 대령 이 새끼 미쳤나!

노태건   너어 확실하게 또박또박 말해, 2공수 돌아가는 거,

확실하지?

감시요원   네, 확실합니다! 지금 제가 보고 있습니다!

행주대교를 유턴하는 2공수. 우우우웅~~

다리에 우뚝 선 이태신 뒤로 지프차가 멈춘다.

강동찬이 내리면 태신이 돌아보면서 안도하는 눈빛.

#100.	육군본부 B2 벙커	밤

김준엽   (수화기 들고) 2공수가 되돌아갔습니다.

"*이야야!!*" 환호하는 진압군 장성들. 주먹을 불끈 쥐는 민성배, 어후~ 다들 긴장이 풀어진다.

김준엽   아직 마음들 놓으시면 안 됩니다.

민성배   야! 뭐 마실 것 좀 없냐?

#101.	삼청동 국무총리 공관 앞	밤

자막,   22시 50분 / 2차 재가 실패

재가를 받지 못한 전두광과 반란군 장성들이 낙담한 얼굴로 나온다. 임학주 중령이 그들 앞으로 달려와 보고한다.

임학주   2공수가 행주대교에서 되돌아갔습니다.

전두광   (놀람) 누구 맘대로??

임학주   이태신이 행주대교를 막고 있었고, 육본의 설득에
            말려든 것 같습니다.

전두광   이런 개쉐끼들 봐라. 그 누구야 도희철이,
            아직 30경비단에 있지?

임학주   예, 있습니다.

도희철과 노태건이 마중 나오고,
전두광이 지프에서 급히 내린다.

자막,　　30경비단 반란군 본부

전두광　　(과장된) 와아 우리 희철이. 내 동생 도희철이~~

도희철　　아이고 와 이라십니까 형님?

전두광　　니가 직접 가라. 응? 니가 가서 우리 2공수 아들
　　　　　모조리 델꼬 온나.

도희철　　!! 아 뭐랍니까? (웃음)

전두광　　웃어? 이 쉐끼 봐라! (멱살을 잡는) 야 이 쉐까.
　　　　　장난 같나?

도희철　　형님...

전두광이 임학주 허리춤의 권총을 빼 든다.
깜짝 놀라는 반란군 장성들.

노태건　　(만류) 뭐 하노?

전두광　　안 쏜다. 놔봐라 쫌! 야 도희철 일루 와.
　　　　　앞으로 와 새끼야!

슬라이드를 철컥, 하더니 총을 대뜸 도희철 손에 쥐여주며

전두광   총 잡아, 총 잡아! (총구를 자신의 가슴팍에)

              니가 가기 싫으모 내 심장에다가 팍 쏴삐라.

              (버럭) 쏘라고!!

희철은 두광의 서슴없는 행동에 바짝 얼어붙는다.

#103. | **몽타주 : 반란군의 반격!**

— 노태건이 정보실로 박차고 들어와 문일평을 찾는다.

노태건   지금부터 혈연, 지연, 학연, 줄이 닿는

              모든 연을 동원해 전화를 건다!

              저쪽이 움직이지 못하게 무조건 막아.

              못 막으면 이 전쟁 우리가 진다.

문일평   (끄덕)

— [화면 다중분할] 수도권 부대 전화벨이 동시에 울린다.

     비상대기 중인 장교들이 전화를 받는다.

     자막,   23시 15분 / 하나회 조직망 일제히 가동

— 하나회들, 전화통을 각기 붙잡고 전화선 너머의 누군가를
   설득, 협박, 애원한다! "절차대로 수사를 했다고 뭐라 하는 게
   말이 되냐?" "박정희 대통령을 시해한 놈을 임마, 너 김동규를
   옹호하는 거야?" "지금 출동하면 전쟁 나는 거라고 이 새끼야!"

— 26사단/특전사/수기사/8공수/3군사령부 등
   수도권 부대로 전화해서 협박, 회유하는 하나회들.

자막,　　　8공수 여단 (부평)

박기흥　　　받아봐.

자막,　　　제3야전군사령부 (용인)

고재영　　　나 하나만 물어봅시다. 그 총장님, 안전하다는 거...
　　　　　　　정말 확실한 거요?

— 질주하는 지프, 도희철(2공수 여단장)이
   잔뜩 격앙된 상태로 소리친다.

도희철　　　꼭 밟으라고! 빨리 가서 애들 데려오라고 안 그러나
　　　　　　　새끼야! 전두광 형님이 내보고! 하필 내보고!!!

— 서울 방향 강변로를 달리는 수경사령관의 지프.

불안한 표정의 태신,

이태신　　강 대령, 차 돌리자. 3군사령부로 내가 직접
　　　　　　 가봐야겠어.

갑작스럽게 U턴! 3군사령부로 방향을 튼다.

| #104. | 2공수 여단 앞 도로 | 밤 |

자대로 복귀하는 2공수 행렬,
지프가 달려와 정문을 가로막는다.

　　자막,　　　**2공수 병력 자대 복귀**

하차하는 도희철을 보고는 이 대령이 경례한다.

도희철　　너그들 여서 지금 뭐 하노?

이 대령　　예? 단장님. 참모차장님께서 안 된다고,
　　　　　　 저희를 군법회의에 회부...

도희철　　빨리 차 돌리라.

이 대령　　방금 우리 사령관님께서 부대 복귀하라고
　　　　　　 지금 무전 때리셨습니다.

도희철　　웃어?

이 대령	네?
도희철	지금 내 보고 웃었어?
이 대령	아뇨. 아닙니다. 저, 안 웃었습니다.
도희철	지금 웃었어! 이 새끼야.

희철은 두광을 흉내 낸다.

권총을 꺼내 이 대령 손에 강제로 쥐여주고

이 대령	(당황) 형님, 왜 이러십니까? 진정하십...
도희철	아 좀 잡아 쉐꺄! 잡으라고 쫌 쉐꺄.
이 대령	진정하세요 진짜, 아이 제발 좀 형님!
도희철	차 안 돌릴 거면 쉐꺄, (자기 가슴팍에 총구를) 여따가 팍 쏴삐라!

#105.	경복궁 30단 2층 화장실	밤

물속에 잠긴 두광의 얼굴... 부릅뜬 눈동자에

시뻘건 기운이 섬뜩! 세면대에서 고개를 드는 두광.

컴컴한 화장실에 팟! 불이 켜지고 태건이 들어선다.

노태건	도희철이가 해냈다! 2공수 다시 출발했단다.

당연히 그럴 줄 알았다는 전두광, 수건으로 얼굴을 닦는다.

전두광   히히히 인간이 명령 내리는 거 좋아하는 거 같지?

노태건   뭔 소리고?

전두광   인간이라는 동물은 안 있나, 강력한 누군가가

         자기를 리드해 주길 바란다니까.

노태건   (또 시작이군) ...다들 기다린다.

전두광   저 안에 있는 인간들, 떡고물이라도 떨어질까 봐

         그거 먹을라고 있는 거거든.

두광의 냉혹함에, 태건은 정나미가 떨어지지만...

그 말을 부정할 순 없다.

전두광   그 떡고물! (수건을 화장실 바닥에 깔고 워커를 슥슥

         문지르는) 주댕이에 이빠이 처넣어줄 끼야 내가~

         (뚜벅뚜벅 나간다)

노태건   ......

#106.	강변도로 – 서울 방향 : 서울로 진격하는 도희철과 2공수	밤

[모션그래픽] 재출동하는 2공수와 9사단의 진격 방향이

모두 용산의 육군본부다!!

— 선두의 도희철 지프를 따라 2공수 행렬이 길게 이어진다.

    자막,   반란군 2공수 재출동

— 9사단의 전차와 장갑차, 군용트럭이 물밀듯 밀려온다.

    자막,   반란군 9사단 서울 외곽 진입

#107.	이동 중인 지프, 3군사령부 사령관실 교차	밤

달리는 지프 안.

이태신과 고재영 중장(3군사령부)이 통화 중이다.

    자막,   제3군사령부 병력지원 철회

    고재영   여기 오실 필요가 없습니다~

                우리 지휘관들이 개입하기를 주저하네요...

    이태신   사령관님, 그러지 마시고 3군 직할 대대라도

육본으로 좀 보내주십쇼.

고재영   저 이 장군 혹시 얘기 못 들었습니까.

나도 조금 전에 전해 들은 건데, 2공수 애들이

다시 돌아오고 있답니다.

이태신   네에??

도로 옆으로 급정거!

고재영과 통화하는 태신의 얼굴이 당혹스럽다.

고재영   저, 이 장군 내가 애들 다시 한번 설득은 해볼께요.

다만, 너무 기대하진 마시고. 네 그럼 이만 끊습니다.

이태신   사령관님!!

카폰을 꽉 쥔 채로 막막할 따름인 태신,

스쳐 가는 차량 불빛이 참담한 표정을 훑고...

운전석에서 다가온 강동찬이 태신의 손에서 카폰을 가져간다.

| #108. | 출동 포기 몽타주 | 밤 |

자막,   26사단 (양주) 출동 중지

— 양주 인근 도로에 멈춘 26사단 병력...

통화를 끝낸 지휘관이 차량 본네트를 힘껏 내려친다.

자막,   수도기계화보병사단 (가평) 출동 중지

— 기갑부대가 정문을 통과하려다 멈췄다.

초조하게 명령을 기다리는 전차 탑승자들.

#109.	8공수 여단 본부 계단	밤

자막,   8공수 여단 (부평) 출동 중지

계단을 내려가는 박기홍(8공수 여단장).

창 너머로 연병장의 병력은 출동을 중단한 상태다.

자막,   박기홍 준장 / 8공수 여단장

부관   여단장님. 전화 받아보시겠습니까?

박기홍   (짐작하고) 보안사 애들이지?

부관   이번엔 수경사령관입니다.

#110.	도로변 지프, 8공수 사령관 부관실 교차	밤

상대의 응답을 기다리는 이태신,

수화기 너머로 "박기홍입니다."

이태신   (반색) 저 이태신입니다.

         여단장님, 지금 고민이 많으신 거 잘 압니다!

박기홍   (자르며) 사령관님, 용건만 말씀해 주십시오.

이태신   8공수를 서울로 이동시켜 주십시오.

박기홍   아이, 특전사가 어떤 부대인지 모르십니까. 우리

         8공수가 2공수하고 부딪히면 그땐 전면전입니다.

이태신   그런 불상사가 생기면 안 되니까,

         먼저 와달라는 거 아닙니까.

박기홍   왜 8공숩니까? 왜 우리 부대가 총대를 메야

         하는 겁니까! 특전사 2공수, 4공수, 6공수가 다

         하나휩니다. 이거는 수적으로 너무 불리합니다.

이태신   여단장님! 지금 서울로 가장 빨리 들어올 수

         있는 건 8공수뿐입니다. 그러니까 제가 이렇게

         여단장님께...

박기홍   설득하지 마십시오! 8공수는 출동할 수가 없습니다.

이태신   여단장님이 먼저 와서 육본에 방어진지 구축하고,

         저와 협공을 해서 30경비단을 치면 이놈들,

         막아낼 수 있습니다.

박기홍   .... (고민하는)

이태신   여단장님? 여단장님!

박기홍	(긴 한숨) ...말씀하세요.
이태신	(한숨) 하... 저라고 아군끼리 싸우고 싶겠습니까. 그렇다고 저놈들한테 서울을 내줄 수는 없는 거 아닙니까. 여단장님이나 저나 이 나이 먹도록 군복 입고 있는 건, 하... 우리가 또 싸워야 할 땐 이 악물고 싸워야 되는... 군인 아닙니까! 저는 원칙대로 싸우겠습니다. 지든 이기든, 상관없습니다.
박기홍	...
이태신	(대답을 기다리는 간절함)
박기홍	(한숨) 출동하겠습니다.
이태신	!! (미소)
박기홍	한 시간 내로 육군본부에서 뵙겠습니다.
이태신	예, 감사합니다. (딸깍)
강동찬	하... (다행이다)

#111.	8공수 출동	밤

자막,   8공수 서울로 긴급 출동

8공수 행렬이 경인고속도로를 빠른 속도로 달린다.

자막,   2공수보다 먼저 서울 도착 예정

문을 박차고 들어오는 전두광과 노태건,

얼굴이 시뻘겋게 달아올랐다.

    전두광   에이 씨팔 진짜 개씨...

    노태건   8공수가 온답니다. 2공수보다 빨리 올 거랍니다.

    일동   !!!!!!!

    자막,   23시 50분 / 8공수 출동으로 반란군 위기 상황

반란군 장성들, 아아~ 상황이 역전되는

파국이 오고야 말았다는!

    문일평   8공수에 아시는 장교 있습니까?

                     우리 라인이 그쪽에 없어서...

    배송학   시끄럽다마. 난 이럴 줄 알았어. 이럴 줄 알았어.

    문일평   (탁재오에게) 형님, 형님 아시는 분 누구라도

                     좋습니다.

    한영구   명분도 없이 시작했으면 완벽하게나 하던지!

    김병준   처음부터 계획대로 했어야지. 외통수라니...

두광은 무리와 등지고 선다. 그의 귓전을 때리는 불평들,

"아 진즉에 대책을 면밀히 세웠어야지~"

"무턱대고 시작하니깐 이런..." "내가 이럴 줄 알았어..."

한영구	전 장군, 무슨 말이라도 좀 해봐~!
전두광	저 봐라 저 봐라~ 배짱이라고는 하나도 없는
	양반들이, 우째 장군들이 되셨을까?
장성들	???!!!
전두광	우리 각하는 누가 또 쿠데타 일으킬까 봐
	어디서 저런 등신들한테만 별을 달아줘가지고,
현치성	야 전두광이! 이 자식아 뭔 말이야??
전두광	예? 오... 아닙니다, 아닙니다! 여기 계신 분들
	말고요~ 저~기 육본에 있는 똥별들 말입니다.

#113.	육군본부 B2 벙커, 반란군 작전실 복도 교차	밤

벙커에서 민성배는 스피커폰으로 통화하고,
두광은 30경비단 복도에서 전화통을 손에 들고 있다.

민성배	(버럭) 야이 몹쓸 사람아~ 왜 이제야 연락을 하나?!
전두광	차장님, 죄송합니다.
	나중에 제가 많이 혼나겠습니다.

민성배	아니, 내 말은 어쩌자구 이런 하극상을 벌였냐
	이 말이오?
전두광	총장님께선 안전하게 잘 계십니다. 박 대통령 시해
	사건 관련해 질문만 몇 개 드리고 돌려보낼 건데,
	하극상이라뇨~ 정말 저는 이해가 안 됩니다~
민성배	하... 우리 전 장군이 이렇게 재밌는 사람인가?
	대통령 각하의 재가 없이, 계엄사령관을 불법
	연행한 건 명백한 군사반란이라고!
전두광	그깟 재가 받아드리겠습니다. 그게 뭐 어렵다고
	그러십니까? 그리고 차장님, 우리가 반란을
	왜 일으킵니까? 대한민국 육군은 다 같은 편인데~
	어쩌자구 그런 무서운 말씀을 함부로 하고
	그러십니까.
민성배	왜 전화했나? 항복이라도 하실 건가?
전두광	차장님. (이 말만 던지고 수화기를 내린다)
민성배	예. 말하세요.
전두광	...... (뜸 들이는)
민성배	??... (뒷말이 없으니 초조한) 전 장군? 전 장군?
육본 장성들	?????
반란군 장성	(왜 저러나 싶은)
전두광	(대뜸) 2공수를 당장 김포로 복귀시키겠습니다!

스피커폰에서 들려온 내용에 육본 지휘부가 깜짝 놀란다!

전두광   대신에. 8공수도 같이 물려주십시오.

민성배   합의하에 부대를 물리자?

전두광   예, 신사협정을 제안드립니다.

김준엽   안 됩니다. 차장님, 절대 받으면 안 됩니다.

민성배   (김준엽 뿌리치며) 쫌!!

진압군 장성들이 김준엽을 강제로 밀어낸다.

"저놈들 믿으시면 안 됩니다 차장님!"

두광은 손짓으로 반란군 장성들을 불러 모은다.

민성배   전 장군, 2공수 먼저 퇴각하는 거 보면,

          8공수 원대 복귀시키지.

두광, 반란군에게 작전이 제대로 먹혔음을 알려준다.

| #114. | 도희철 지휘 차량, 강북검문소 교차 | 밤 |

자막,   13일 0시 / 동시 철수 결정

도희철   (무전) 알겠습니다. (병력에게) 부대 정지!!

— 검문소, 30사단 소속 초소장이 망원경을 보면서
  고개를 갸우뚱,

초소장   뭐야? 쟤들 또 돌아가는데?

망원경 시점, 2공수가 또 회군한다.

#115. │ **몽타주 : 신사협정**

— 8공수가 멈춰 있다. 육군본부의 참모차장(민성배)과
  통화 중인 8공수 여단장(박기홍).

박기홍   (무전) 서울에 다 왔는데, 일단 여기서 대기하면
          안 됩니까?
민성배   2공수 돌아가는 거 확인했다니까요.
          8공수가 버티다가 협정 깨지기라도 하면...
박기홍   30경비단에 반란군도 남아 있고, 저희가 서울로 가야
          막을 수 있습니다.
민성배   협정을 맺었는데 무슨 반란군입니까!

여단장은 제 지시대로 부대 복귀하세요.

박기홍   *!!... (쌍)*

— 수경사 상황실. 이태신은 수화기를 쥐고서
도무지 이해할 수 없다는 표정이다.

이태신   8공수를 다시 돌린다구여??

그게 무슨 말도 안 되는 소립니까!

강동찬   (상황실로 나가는)

— B2 벙커 복도, 김준엽이 누군가와 통화 중.
내부 스피커의 버튼을 올린다.

자막,   **육군본부 B2 벙커**

김준엽   연결했으니까, 크게 말씀해 주시면 됩니다.

공수혁   *나 특전사 사령관 공수혁입니다!*

일동   ?????? (스피커 소리에 술렁)

공수혁   *거기 계신 분들. 잠시만 제 말씀 좀 들어보십시오.*

신사협정이라니 그게 무슨 개소리입니까?

— 민성배가 다가와 헌병감의 손에 쥔 수화기를 뺏으려
실랑이한다. 완강히 버티는 김준엽...

특전사령관실

공수혁   2공수 도희철이란 놈은, 지 상관 명령도 거부하고
        거기 계신 장군님들 때려잡으러 개처럼 뛰어갔던
        놈입니다. 그런 배은망덕한 개자식을 무슨 협상,
        (뚝) 뭐 하러...

— 민성배가 통화를 끊고 싸늘하게 돌아선다.
  김준엽은 그저 참담할 따름...

— 특전사령관실, 공수혁이 절망하여 수화기를 내려놓고.

오진호 소령은 조용히 나가 문을 닫는다.

— 행주대교 인근 매복 장소.

　2공수 병력이 완전무장 상태로 매복 중이다.

　자막,　　**2공수 병력 잠복 대기**

특공대를 지휘하는 홍 중령이 도희철 준장에게 다가간다.

　홍 중령　　도하 준비 완료됐습니다!

　도희철　　가자.

— 어둠 속, 행주대교 교각 아래 강을 건너는

　2공수 침투조 보트들.

— 이태신(수경사령부)이 8공수의 철수를 막아보려고

　박기홍 준장과 통화 중이다.

　이태신　　여단장님 철수하지 마십쇼. 돌아오셔야 합니다.

　박기홍　　육본의 명령이잖습니까. 저희 사령관님도 어찌

　　　　　　　못 하는 명령을, 제가 어떻게 거부하겠습니까?

　이태신　　그럼 거기 잠깐 멈추시고, 지금 있는 곳에서

　　　　　　　대기라도 해주십시오.

　박기홍　　저도 그러고 싶은데, 대기도 하지 말라는

참모차장님의 지시가 있었습니다.

이태신   이놈들 분명 육본을 속이고 있는 겁니다.

여단장도 잘 아시지 않습니까?

박기흥   죄송합니다. 사령관님! 죄송합니다.

둘의 대화를 감청하는 문일평,

헤드폰을 벗더니 흡족한 표정으로

문일평   (수화기에) 8공수 되돌아갔습니다.

— 행주대교 강북검문소를 점령하는 2공수 침투조.

자막,   0시 40분 / 2공수 행주대교 장악

순식간에 제압당하는 초소 병력, 초소장 혼자 권총을 들고

저항하지만 이미 전의를 상실했다.

홍 중령   어이! 총 내려. 쏠 거 아니잖아.

(총을 가볍게 가로챈다)

#116.	육군본부 B2 벙커 입구	밤

자막,   01시 05분 / 육군본부에 도착한 국방장관

미군 세단이 달려와 멈춘다. 오국상이 미 장교 가죽점퍼에
파이프 담배를 문 채로 내리면서

    오국상   나 많이 찾았냐?

#117.	**B2 벙커 내부**	**밤**

국방장관이 마치 맥아더 장군처럼 당당하게 들어선다.

    오국상   어우 수고 많아. 야~ 수고들이 많네.

                    여기 다 모여 있었네~

    오 장군   장관님, 어디 계셨던 겁니까?

    오국상   한미연합사에 있다 왔지. 우리 계엄사령관

                    연행됐다길래 주한 미 대사하고 또 우리

                    연합사령관 얘기를 쭉 들어보고.

                    이것저것 정세 판단도 하고.

    일동   ...... (어처구니없는)

    김준엽   장관님! 정말 잘 오셨습니다.

                    지금 당장 전두광 체포 명령을 내려주십시오.

    민성배   (밀어내며) 가만히 좀 있어!

    오국상   나 지금 어디에 앉아야 되는 거야?

민성배	예, 장관님 (자리 안내) 제가 전두광을 잘 설득해서
	공수부대끼리 충돌은 막아놨습니다.
	장관님께서 우리 군의 입장을 쟤들한테 좀...

의자에 앉자마자 국방장관은 거드름을 피운다.
뒤편에서 전화벨!

오국상	그러니까. 애초부터 대화로 해결할 생각을
	했어야지. 덮어놓고 진돗개 발령을 때리구 말야~
	쯧쯧.
김준엽	아니 대화라니요? 육군참모총장이 납치당했습니다.
	이건 군사반란입니다.
오국상	자기 누구야? 아~ 헌병감이구나...
황장군	(전화기 쥐고, 손짓) 차장님. 빨리 좀 받아보시죠.
김준엽	장관님! 전두광이 패거리는요. 국가전복을 시도한
	개잡놈, 쓰레기들입다!

장성들이 김준엽을 나무란다.
"아이고 이 사람!" "장관님 앞에서 함부로..."
민성배가 수화기를 넘겨받고는 긴급한 보고를 듣는다.

민성배	야! 말 더듬지 말고 해. 너 니 눈으로 확인했어?!!

오국상	왜애?
황 장군	2공수가 행주대교 건너 이쪽으로 진격하고 있답니다.
일동	!!!!! (맙소사)

#118.	**수경사 상황실 : 이태신의 고군분투!**	**밤**

강동찬이 상황실에서 전화로 도움을 청하고 있고, 멀리
브리핑룸에서 통화하는 태신.

이태신	(크게) 수도를 방위하는 게 수경사만의 임무야?
강동찬	끊지 마시고 제 얘기를 쫌... (상대가 끊었다)
이태신	제 말씀을 꼭 좀 들어보셔야 합니다. (버럭) 이건 쿠데타야! 서울을 지키고 사수해야 될 거 아냐!

#119.	**육군본부 B2 벙커 입구, 내부**	**밤**

벙커 강철문, 김준엽이 헌병들과 함께
방어용 모래주머니를 쌓는다. *"자, 빨리, 빨리!"*

조 병장   헌병감님, 저 안에서 부르십니다.

김준엽   누가?

조 병장   장관님께서 찾으십니다.

─ 벙커 내부. 김준엽이 바삐 들어와

황 장군과 서 장군 곁을 스친다.

황 장군   미 2사단에다 얘기해서 전투 병력 좀 꿔달라면

안 되려나~?

서 장군   거 참 30분 내로 2공수가 와요.

오국상   (참모차장에게) 지금 여기 이러고 있음 뭐 할 거야?

빨리 우리를 보호할 병력이 있는 데로

가야 될 거 아냐.

민성배   수경사로 가면 어떨까 합니다. 그나마 거긴

이태신 장군이 버티고 있으니까...

김준엽   저 부르셨습니까?

오국상   어~ 그 뭐냐. 나 아까 타고 왔던 포드 차 있지?

포드 차 아직 있나?

김준엽   (답답) 장관님, 육본은 누가 지키는 겁니까?

오국상   (눈 똥그랗게) 아니, 장관이 육본 지키는 사람이야?

"사령관님!" 강동찬이 급히 들어온다.
수경사 장교들과 대책을 논의하던 태신이 돌아본다.

강동찬   육본 지휘부가. 우리 쪽으로 넘어오신답니다.

이태신   !........ (무표정)

강동찬   그분들이 전부 사령관님 뒤에 숨겠다는 건데,

  만에 하나 전두광이 정말로 장악하게 되면,

  그땐 사령관님만 희생양 만드는 거 아닙니까?

| 이태신 | 강동찬!! 너 함부로 지껄이지 마라. |
| 강동찬 | (심사 뒤틀린) 네, 죄송합니다. |

동찬을 보는 태신, 뜨거운 게 치밀어 오르는...
지휘봉으로 지도판을 쾅쾅 후려친다.
참모들이 말리며 "사령관님" "잠깐 사령관님!"
폭발하는 이태신을 붙잡는다.

| **#121.** | **육군본부 B2 벙커** | **밤** |

진압군 지휘부가 우르르 나간다.
김준엽 혼자 막아보려 애쓰는 몸짓이 애처롭다.

김준엽	차장님, 이렇게들 그냥 가시게 놔둘 겁니까?
민성배	!! (손사래 치며 밀어내는)
오국상	아니 근데 수경사에도 병력이 별로 없다면서요?
민성배	그럼 갈 데가 없지 않습니까?
김준엽	육군본부를 어떻게 그냥 넘겨줍니까!!
일동	...... (아 저 친구 또 저래~)
오국상	일단 지휘부를 옮기고 나면, 내가 전두광이하고 오해를 푼다니까~ 5분이면 돼요, 5분만 얘기하면!

그래도 전두광이가 내 말은 잘 듣는다고.

김준엽 (발끈) 국방장관님께서 그게 지금 할 소립니까?!

오국상 이 자슥이 보자 보자 하니까! 어디 별 하나짜리가
어디 국방장관한테 들이대, 들이대기를! 어디서
배워 먹은 버르장머리야? 아니 내가 전두광이한테
잘 풀어서, 설득을 해보겠다는데! 더 좋은 생각
있어? 더 좋은 방법 있는 사람 있냐고!!

김준엽 군사반란을 일으킨 놈들을 왜 달래냐구요!

조민범 병장의 M16을 가로챈 김준엽,

소총을 장전하며 입구를 막아선다!

김준엽   제발 정신들 좀 차리십시오. 제발!

장성들   헌병감... 왜 이래??

김준엽   제가 어떻게든 막아볼 테니까 자리만

　　　　지켜주십시오. 저놈들 때문에 나라가 뒤집어지면,

　　　　이건 우리 군에 수치고 치욕입니다...

　　　　(진압군 장성들의 당혹스러운 표정)

　　　　장군님들, 진심으로 부탁드립니다!

#122.	육군본부 B2 벙커 입구	밤

자막,　　01시 25분 / 육본 지휘부 B2 벙커 포기

김준엽의 애원이 무색하게, 우르르 빠져나오는 진압군

지휘부다. 찬바람에 잔뜩 움츠리고 잽싸게 각자의

차량으로 달려가 탑승한다.

"아 추워라~" "필동 여기서 금방이야, 그냥 아무거나 탑시다."

민성배   내 차 어디 갔어?

황장군   저거 타세요. 앞에 꺼.

서장군   아, 이거 우리 차! 차장님은 저, 앞 차!

민성배   (삐짐) 알았어요. 드러워서 진짜!

황장군   뒤에 차 타라 임마 쫌!

민성배   (퍼뜩) 국방장관! 국방장관 이 양반 왜 안 보여 또?

황장군   (두리번) 아~ 우리 장관님 또 어디 가셨어??

서장군   아까 먼저 나가셨는데...

#123.	경복궁 30단 작전실	밤

자막,   01시 27분 / 반란군 작전실

노태건   (수화기 딸각) 육본을 싹 비우고 수경사로
             튀었답니다.

일동   오오... 크크크 흐흐흐 (반색하는)

한영구   아이구 붕신들, B2 벙커가 얼마나 깨기 힘든데,
             암튼 그 수고는 덜었네.

전두광   아직 끝난 거 아닙니다. 이태신하고 공수혁도
             못 잡았잖습니까?

노태건   장 단장, 김창세하고 연락됐지?

장민기   특전사령부 접수한다고, 지금 막 보고
             들어왔습니다.

#124.	몽타주 : 송파 특전사령부 앞, 부속실, 2층 복도, 사령관실 교차	밤

— 4공수 대원들이 본부 건물을 포위한다.

블라인드 틈새로 내다보는 오 소령, 박 중령(하나회)이

망원경으로 보면 3층 특전사령부 창문에서 불이 꺼진다.

4공수 여단장 김창세 준장이 다가온다.

자막,　　**김창세 준장 / 4공수 여단장, 하나회**

김창세　　사령관실 오진호 소령이 친구라고?

박 중령　　한 기수 아랩니다. 관사에서 바로 옆집이라

　　　　　　집사람들끼리도 잘 압니다.

김창세　　(지퍼 올려주며) 개인적인 유감은 없는 거니까.

　　　　　　군인답게 명령만 수행하면 돼.

— 특전사령관 부속실,

오진호 소령을 둘러싼 참모들은 좌불안석이다.

인사참모　　이대로 있을 거야? 빨리 나가야 돼.

오진호　　사령관님이 아무 말씀 없으셨는데 어떻게 저희가...

그때 덜컹~ 특전사령관이 부속실로 나온다. 불을 탁! 켜면서

공수혁	자, 지금 나가고 싶은 사람은
	건물 밖으로 나가도 좋다.
부하들	(서로 눈치만)
인사참모	사령관님. 빨리 피하셔야 합니다.
공수혁	(담담하게) 내 걱정 하지 말고 전부 다 나가.
	이건 명령이야. 다 나가!

"죄송합니다!" 경례하고 서둘러 나가는 참모들.

| 오진호 | 사령관님! 사령관님도 우선은, |

공수혁   오 소령. 너도 참모들이랑 다 같이 나가. 나가!

(집무실로 들어간다)

— 특전사령부 앞, 4공수에게 진입 명령이 떨어진다.

"진입!" 박 중령의 말에 우렁차게 "진입!!!!"

신속히 건물로 들어간다.

— 특전사령관실. 공수혁이 여분의 탄창을 챙기는데

오 소령이 사령관실로 들어와 문고리를 끈으로 동여맨다.

공수혁   뭐 하는 거야 너? 나가라는 명령 못 들었어?

오진호   (캐비닛 옮기며) 사령관님 계시는데 제가 있어야지

않겠습니까?

공수혁   내 몸 하나는 내가 지킬 수 있어!

오진호   알고 있지 말입니다. (미소)

그래도 혼자 계시면 적적하시지 않겠습니까.

공수혁   !...

— 계단을 오르는 4공수, 사령부 참모들이

줄줄이 투항 자세로 내려온다.

— 사령관실 문을 견고하게 막은 오 소령,

탄창을 꺼내 확인한다.

공수혁   (군번줄 착용) 진호야, 너 안 무섭냐?

오진호   솔직히 두렵습니다...

          하지만 사령관님과 함께여서 괜찮습니다.

공수혁   (피식) 오진호 똑똑한 줄 알고 데려왔더니만,

          좀 모자란 데가 있는 거 같다 너.

— 부속실 문을 부수는 4공수, 내부가 비었다.

  사격 자세로 사령관실 문 앞에 모인다.

박 중령   멈춰! 뒤로 물러서... (큰 소리) 우리가 본청을

          접수했다! 저항하지 말고 밖으로 나와라.

— 사령관실, 오 소령이 권총을 양손으로 파지하고

  숨을 내쉰다.

박 중령   다섯 셀 때까지 문을 열지 않으면 발포한다!

오진호   ......

임 하사   대장님, 그냥 쏴버리시죠.

박 중령   (하사를 밀치고) 오진호 소령! 형이다. 야 진호야,

          대답 좀 해봐!

오진호 (크게) 누구든, 그 어떤 놈이든 사령관실에
한 발자국만 들어오면, 그대로 발포한다!!
공수혁 오진호. 엄폐해!

그때 4공수 여단장의 무전이 들려온다.

김창세 (무전) 나 여단장이다. 뭘 꾸물거리고 있어!
어서 진압해! 이젠 사령관 아니고 진압 대상이라고
몇 번을 말해! 빨리 끝내라고 이 새끼들아!

임 하사가 당긴다. 타타타타타! 그러자 동시에 사격!
놀라는 박 중령, 자신도 결국 당긴다. 사령관실 내부로
쏟아지는 총탄 세례, 온 사방에 총알이 박힌다.

공수혁 오진호, 괜찮아?
오진호 예, 괜찮습니다!

타타타타... 타타타 문짝을 겹겹이 막은 장애물에
양측의 총격이 퍼부어진다.

박 중령 뒤로 빠져! (작전 지시) 임 하사!

하사 둘이 깨진 창 사이로 수류탄을 투척한다. 콰과쾅~!
엄청난 폭음과 함께 입구가 박살 난다. 화염과 먼지...
오 소령은 권총을 주워 탄창을 교체하려는데, 탕탕!
어깨를 관통당한다! 공수혁이 "오진호!" 도와주려고 나오다가
퍽, 총에 맞고 넘어진다.

오진호   사령관님~ 괜찮으십니까?
공수혁   개자식들이! (탕탕, 넘어진 채로 응사)

오진호가 사령관을 힘겹게 일으키는데, 타타타타타타타타!
총탄이 그의 몸을 꿰뚫는다. 퍽,퍽,퍽.
오 소령이 피투성이가 되어 바닥에 쓰러진다.
"그만, 그만! 멈추라고!" 박 중령의 외침에 사격을 멈추고...
뽀얀 화약 연기와 부서진 잔해들... 박 중령의 시선으로
바닥에 누운 공수혁과 오진호가 드러난다.
꿀럭꿀럭, 마지막 숨을 토해내는 오진호 소령.

공수혁   (안타깝게) 오진호... 오진호!

김창세가 들어온다. 안간힘으로 권총을 잡으려는 공수혁,
"이 새끼가..." 툭! 김창세의 군화가 총을 밀어낸다.

김창세	(경례) 사령관님을 체포하겠습니다.
공수혁	위생병 불러... 오진호 살려야 돼.

하지만 오 소령은 이미 싸늘하게 식었다.
박 중령이 무릎을 꿇고 오 소령을 만지려 하는데...

공수혁	뇌 새끼야... 니 친구야. 니가 제일 친하다는 친구!
김창세	(부하들에게) 위생병 튀어 오라 그래.
	사령관님 총상이 심하시다.
공수혁	김창세! 널 내가... 15년을 데리고 친자식처럼
	생각했는데... 전두광이 똘마니 짓하는 게
	그렇게 좋으냐?
김창세	사령관님께 개인적인 원한은 없습니다. (짜증)
	위생병 안 오면 니들이 모셔 가라구 이 새끼들아!

특전사들이 오 소령을 수습하려는데,
공수혁의 한 손이 오진호 소매를 꽉 잡고 놓아주질 않는다.

자막,	오진호 소령 (육사 25기) 전사

공수혁	뇌 이 새끼들아! 진호야? 오진호!

도살된 가축처럼 실려 가는 공수혁의 애통한 외침, "진호야~!!"

따르릉~ 사령관실 책상 위 전화기가 울린다.

김창세가 수화기를 들면,

이태신   사령관님. 이태신입니다!

김창세   특전사령관은 방금 체포되셨습니다.

| #125. | 수경사령관실, 특전사령관실 교차 | 밤 |

이태신   너 누구야?

김창세   전세는 완전히 기울었습니다.

         수경사령관께서도 판단 잘하셔서

이태신   ...

김창세   아군끼리 불필요한 희생이 없도록 부탁드립니다.

         (끊는다)

| #126. | 필동 수경사 사령관실 | 밤 |

이태신, 수화기를 쥔 채로 가슴이 미어지는데 노크 소리,

"오셨습니다." 강동찬의 음성과 함께

육군본부에서 도망쳐 온 진압군 장성들이 우르르 들어온다.

민성배	어, 사령관, 고생 많아요.
이태신	……
황 장군	아이 추워라~

#127. | **몽타주 : 국방부, 육본, B2 벙커 입구와 철문 앞**

국방부로 진입하는 2공수 행렬.

장갑차가 비탈을 올라가면서 기총 사격, 타타타타타타타

    자막,   01시 40분 / 2공수 국방부 공격

"후퇴, 후퇴해." 헌병들 쫓겨 올라간다. 2공수 장갑차가

총격을 쏟아내며 "전 통사, 국방부 2층 제압해." 헌병들

석조계단에서 쓰러지고, 2공수가 계단을 뛰어 올라간다.

— 육본 정문이 열린다. 진입하는 2공수…

    선두 차 탑승한 이 대령의… "정문 개방, 선두 차 따라서 진입!"

    활짝 열린 정문에서 척, 경례하는 육본 소령 (하나회 서약한)

    자막,   하나회 장교, 육군본부 정문 개방

    도희철   (소령에게 손 흔들며) 수고했어~

— 국방부 건물, 투항한 헌병들 무참히 제압당한다.

지하로 내려가는 2공수... 버려진 집기들로 통로가 막혀 있다.

문짝을 들추자 웅크린 사내의 뒷모습이 보인다.

"뭐야? 손 들고 나와!" 꿈틀꿈틀 뒤돌아보는

국방장관의 계면쩍은 얼굴... "야, 나야."

> 자막,　　01시 48분 / 국방부 지하 국방장관 은신처 발견

2공수	시끄럽고 빨리 나와!
오국상	국방장관이야 임마~
2공수	알았으니까 빨리 나와.
오국상	(손 들고 나오며) 오국상 국방장관님이시다!

— B2 벙커 입구, 2공수가 파도처럼 밀려와 벙커로 들어간다.

> 자막,　　2공수 B2 벙커 진입

— B2 벙커 앞, 공수부대의 총격을 피해 계단을 뒹굴며

　내려오는 헌병들. 철문 앞에서 피할 곳이 없는 헌병들,

　"꼼짝 마 새끼들아, 총 버려." 2공수 대원들이 총으로 위협한다.

2공수	총 버려!

총을 버리고 양손을 드는 헌병들, 하지만 조민범 병장이

철문 앞을 버티고 서서 총을 버리지 않는다.

조 병장	안 돼. 못 들어가 여기.
2공수	(총을 빼앗는) 내놔 새끼야.

조 병장은 끝까지 자신의 소총을 꽉 잡고 있다. "놔아!"
그러자 더 거칠어지는 2공수, "놔아 새끼야."
조 병장은 결코 자신의 총기를 내줄 수 없다며 소리친다.

조 병장	안 돼. 안 된다고... (밀치는) 안 된다고오!

조 병장이 발로 걷어차자 다른 2공수가 뒤에서 총구를 당긴다.
타타타타타! 가슴팍에 피가 튀는 조 병장...
철문에 부딪치고 스르르 주저앉는다.

자막,	조민범 병장 전사

#128. | **육본 B2 벙커 내부와 수경사령부 상황실 교차**

벙커로 진입한 2공수,
헌병감 김준엽은 등진 자세로 앉아 통화 중이다.

이태신	헌병감. 육본의 현재 상황을 보고해 주시오.
김준엽	사령관님 정말 면목 없습니다.

2공수 장교	(사격 자세) 거기 일어나!
김준엽	이젠 더는 버티지 못할 거 같습니다.
이태신	무슨 일입니까?

타타타타타, 헌병감 양옆으로 위협사격을 가한다.

이태신	헌병감, 괜찮으십니까??
김준엽	사령관님만 믿습니다!

#129. | **수경사령부 상황실**

통화가 끊겼다. 이태신, 천천히 수화기를 놓는다.
웅성대는 진압군 장성들 사이를 가로지르는 이태신,
모두의 시선이 쏠린다.

이태신	(멈추는) 강 대령.
강동찬	예.
이태신	가용할 수 있는 모든 병력을 연병장에 집합시켜.
일동	!!!!!!
민성배	(다가서며) 이 장군, 뭘 어떻게 하시려고?
이태신	전두광이 잡으러 가야죠.

태신이 상황실을 떠나자, 진압군 장성들은 혀를 찬다.

"하이 참..." "뭘 어쩌겠다고?"

자막,   01시 52분 / 수경사령관 반란군 진압 결정

| #130. | 수경사 사령관실, 이태신 자택 교차 | 밤 |

군장을 꺼내는 이태신. 권총을 차면서 문득 사진 액자를 본다.

취임식 날 활짝 웃는 아내와 함께 나란히 찍은...

— 자택, 전화벨, 아내가 받는다.

상냥한 음성이 수화기에서 들린다. "여보세요~?"

이태신   어, 자는 걸 깨웠소?

태신 처   아뇨~ 늦더라도 오실 줄 알았는데, 더 늦으세요?

이태신   어떡하지... 오늘도 들어가기 힘들겠어.

태신 처   아침에 당신 좋아하는 바지락 된장찌개 끓이려고

           했는데, 새벽에 못 오세요?

이태신   거참, 미안하네..

태신 처   웬일로 미안하다 소릴 다 하슈~

           암튼 바빠도 끼니 꼭 챙겨 들어요.

이태신   밥 굶기면, 사령관 그만두지 뭐~

태신처	그 농담 자꾸 하지 마세요, 안 웃겨요.
이태신	....
태신처	(뭔가 이상한) 당신... 별일 없는 거죠?
이태신	(짐짓) 아 그럼.
태신처	참 여보.
이태신	...응?
태신처	내가 말한다는 걸 깜박했는데 거기 가방에 목도리 있을 거예요. 동대문 시장 갔다가 당신 준다고 사 온 건데...
이태신	(의자에 털썩)
태신처	날이 차니까 나가실 때 항상 목에 두르세요.

[Cut to.] 집무실 문 앞에 강동찬.
사령관실의 통화를 조용히 듣는,

이태신	나 이제 끊습니다.
태신처	네에~

사령관실로 들어서는 강동찬, 야전잠바를 걸치는 이태신.

강동찬	5분 내로 집합 완룝니다.
이태신	전부 얼마나 돼?

강동찬	전차 네 대. APC 장갑차 네 대, 중화기 부대원 포함하여 100여 명 정도입니다.
이태신	행정, 취사병, 비전투 병력까지 다 합치라니까?
강동찬	합친 숫자입니다.
이태신	...... (옷장으로)
강동찬	사령관님, 제가 한 말씀 드려도 되겠습니까?
이태신	짧게 말해.
강동찬	사령관님께선 할 만큼 다 하셨다고 생각합니다.
이태신	할 만큼?
강동찬	이미 다 끝난 거 아닙니까? 국방부, B2 벙커까지 2공수 손에 넘어갔습니다. 저기 저 상황실에 계신 장군님들도 우리가 이렇게 저항하는 거 다 무의미하다고 하십니다.
이태신	(가방에서 목도리 꺼내는) 나라가 반란군한테 넘어갔는데, 그만하자고? (쏘아보며) 너도 그놈들한테 전화 받았냐?
강동찬	모르셨습니까? 저뿐만 아니라 여기 상황실에 전화 안 받은 사람이 없습니다! 물론, 저는 아주 쌍욕을 해주고 끊었지만 말입니다.
이태신	잘했다. (거울 앞, 목도리 매는)
강동찬	사령관님! 다 돌아섰고 이제 혼자 남았습니다. 이런 상황에선 우리가 계속 싸워봤자... 우리가 이길

수 있는 가능성은 아예 없다고 생각합니다.

이태신 그래서?

강동찬 공부 잘하는 아드님... 봄 되면 대학교 입학식 때
꽃다발 들고 가셔야죠.

이태신 이놈의 자식이 건방지게! 넌 니 사령관이
전두광이한테 투항하는 꼴이 그렇게 보고 싶어?
내 눈앞에서! 내 조국이 반란군한테 무너지고
있는데! (치밀어 오르는) 끝까지 항전하는 군인 하나
없다는 게... (울컥) 그게 군대냐?!

강동찬 .... (가슴이 미어지는)

이태신 남들은 내 알 바 아냐. 각자 소신대로 인생 사는
거니까~ 하지만, 봐라. (명패를) 내 이름 앞에 뭐라
쓰여 있는지! 수도경비사령관이 서울을 내버려
두고 어디를 가란 거야? (철모 들고) 오늘 밤 서울은,
끝까지 우리 부대가 지킨다.

강동찬 출동 명령 거두십쇼! (오른손을 권총 홀스터 위로)

이태신 (돌아서는) 명령하는 거야?

강동찬 (권총 노리쇠를 철컥) 제가 모시는 지휘관의
잘못된 판단 때문에 제 부하들을 사지로 몰고 갈 수
없습니다.

이태신 쏠 거야?

강동찬 예. (결국 겨눈다)

이태신	(한숨) 마음속으로 결심했으면 쏴아.
강동찬	!!
이태신	자네는 내가 인정하는 유능한 지휘관이다.
	부하들을 위해 옳다고 판단했으면 방아쇠 당겨.

말을 마치자 태신이 돌아선다.
"멈춰어!" 방아쇠에 손가락을 거는 강동찬!

강동찬	한 발 더 움직이면 정말로 쏘겠습니다!
이태신	쏠 거면 빨리 쏴. 나 시간 없다...
	안 쏠 거면 연병장으로 나와.

복도로 나가는 이태신, 총을 쥔 채 서 있는 강동찬...

#131.	필동 수경사 연병장	밤

이태신이 나온다. 100명 남짓한 병력이 도열했다.

자막,	02시 15분 / 수경사령부 잔여 병력 104명 집결

이태신	우리 육군의 최고 지휘권자인 참모총장님을 납치한
	반란군 무리가, 현재 30경비단에 모여 있다.

(대열 속으로) 국가 권력을 찬탈할 목적으로
내란을 일으켰고, 수경사 일부가 이에 동조한 것은!
사령관으로서 정말 제군들 볼 면목이 없다.

병사들   ……

이태신   하지만 이놈들을 이대로 묵인한다는 것은,
대한민국 군인으로서 용서할 수 없다!

소총을 든 강동찬이 연병장으로 달려온다.
이태신과 시선을 나누는 강동찬.

이태신   오늘 밤은 정말 힘든 싸움이 될 것이다.
지금 이 자리를 떠나고 싶다면… 가도 좋다.

병사들 사이에 동요… 하지만 자리를 뜨는 병사는 없다.

이태신   제군들은 수경사의 명예와 임무를 지키는
방패부대 용사들이다! (대열을 가로지르는)
나는 수경사령관으로서! 나의 용감한 용사들과
함께 반란군 무리를 제압하러 갈 것이다.

강동찬   살아 방패!

병사들   (우렁찬) **죽어 충성!!**

이태신   (부하들을 본다)

강동찬	사령관님께 대하여 경례!
병사들	**충~성!!!!!**
이태신	(경례) 충성.

| #132. | **몽타주 : 수경사 출동, 명동 앞,
신세계 앞, 서울시청 앞 교차** | 밤 |

— 수경사 병력과 차량이 명동길로 나온다.

자막,   02시 25분 / 수경사 병력 출동

— 강동찬의 지프, 이태신의 지휘 차량, 신세계 앞을 지나는
APC, M48전차, 트럭들... 병사들은 두려움이 앞선다.
시청 앞을 통과하는 차량들, 세종로로 접어든다.

장민기   *신세계, 시청 지나서. 세종로 진입했답니다.*

| #133. | **경복궁 30단 작전실** | 밤 |

작전지도 테이블에서 장민기가 설명 중,
하나회 반란군들 표정이 왠지 심란하다.

전두광	전쟁을 해보겠다는 건 이태신 글마가 '명분'을 가졌다는 겁니다. 장민기.
장민기	예!
전두광	니는 그 새끼들 무조건 틀어막고, 절대 먼저 발포하면 안 된다.
장민기	알겠습니다. (경례, 나간다)

#134.	세종로 중앙청 앞	밤

중앙청을 향해 진군하는 수경사 병력.

이태신	전투 대형으로 이동한다.

좌우로 벌어지는 차량들! 이순신 동상을 올려다보는 태신...
이제 광화문-중앙청이 눈앞이다.

자막,   세종로 중앙청 앞

사직로 방면으로 좌회전, 바리케이드와 철조망이
바다처럼 끝없이 펼쳐져 앞이 가로막혔다!
전차로 장애물을 밀어보지만, 겹겹이 사슬에 엮여 있는 터라
도저히 나아갈 수 없는 상황.

이태신   (스피커) 30경비단에 모여 있는 반란군은 들어라.

| #135. | 30경비단 작전실 창가 | 밤 |

창문을 활짝 여는 반란군, 전두광이 망원경을 들고
수경사 병력과 대치하는 세종로를 본다.

이태신   나는 수경사령관 이태신이다.
          지금 즉시 무장을 해제하고 투항하라.

| #136. | 수경사 진영, 30단 작전실 교차 | 밤 |

이태신   (마이크) 너희는 대한민국 육군이고
          내가 지휘하는 수경사 소속이다.

수경사 측은 쇠사슬을 끊고, 강동찬은 전차병에게 명령한다.
"앞으로 더 가!"

이태신   (스피커) 난 너희가, 너희의 선택으로 이 자리에 나오지
          않았다는 것을 그 누구보다 잘 알고 있다.

지금이라도 총을 내려놓...

전두광   (태건에게) 그 9사단 언제 온다노?

노태건   세종로까지 20분 넘게 걸린다는데!

전두광   아이고 출발한 지가 언젠데? 최대한 전속력으로
               오라캐라.

문일평   (고성능 통신기를 밀고 오는) 야 빨리 와.

― 세종로 대치선, 사슬로 단단히 엮인 수백 개의 바리케이드는
  요지부동! 움직이질 않는다.

장민기   (장교에게) 쟤들이 먼저 쏘기 전까지는,
               우리가 절대 선제사격하지 않는다.

방책선에 서는 이태신과 수경사 지휘관들.
그때 가로등 스피커에서 들려오는 전두광 음성.

전두광   아~ 들립니까? 나 보안사령관 전두광임다...

이태신   !!

전두광   이기 머 하는 짓입니까~? 수경사령관이란 사람이
               상황 파악이 이래 안 됩니까? 겨우 탱크 네 대
               끌고 와서 협박하면, 그기 통할 거라 생각했습니까?

이태신, 지프차의 통신 채널을 야포단 채널과 맞춘 다음,

이태신   (무전) 야포단장! 나 사령관이다. 포격 준비됐으면
　　　　　　보고하라.

야포단장   (무전) 포격 목표 30경비단!

자막,   **수경사 야포부대 포사격 준비 완료**

야포단장   (무전) 155미리 고폭탄. 일개 포대 삼발.
　　　　　　포격 준비 완료됐습니다!

전두광   !!!

이태신   (무전) 포격지점은 반란군이 숨어 있는 30경비단에
　　　　　　고정한다.

야포단장   편각 둘오공오 사각 삼여섯넷 30경비단 고정!

전두광   (놀라서 태건에게) 야, 이거 진짜야?

노태건   ...시간 좀 끌어봐. 내가 야포단하고 연락해 볼게!

— 야포부대, 155미리 포에 포탄과 장약을 넣는 포병들.
　멀리 시내 중심가 세종로 불빛이 보인다.

전두광   (무전) 이보세요 수경사령관! 당신 혼자 고집부려서
　　　　　　서울을 불바다로 만들 겁니까?
　　　　　　그라지 마시고 이쪽으로 잠깐 넘어오세요.
　　　　　　넘어오시면 제가 차분하게 다 설명하겠습니다.

이태신	(무전) 대화는 사람끼리 하는 거야.
	(모두가 듣게 큰 소리로) 야포단장! 내가 명령하면
	정밀 타격을 시작한다!
배송학	(놀람) 정밀 타격! 이런 진짜...
장성들	(겁에 질려 우왕좌왕)
전두광	야 총, 총 주라.
배송학	전 장군, 이게 어찌 된 일이고? 뭐라고 말을 좀?

반란군 장성들은 두광을 에워싸며
대응책을 찾으라고 난리다.

전두광	(밀치며) 가만히 좀, 조용히 하십쇼 씨발 진짜!
	거 좀 생각 좀 하게, 조용히 계십쇼 씨발!!
장성들	...
전두광	(태건에게) 야 내가 나가서 무조건 막아볼 테니까...
	니는 여길 딱 맡아둬. 응? 알았지?
노태건	알았다.

전두광, 급히 나간다. 반란군 장성들은 거의 패닉 상태...

— 야포단, 포격 명령을 받는 야포단장.

이태신   야포단장. 타격지점이 정확해야 한다.

        내 말 무슨 뜻인지 잘 알지?

야포단장   사령관님, 포격 명령을 재고해 주실 순 없습니까?

화면 우측, [그래픽]으로 포격으로 세종로 도심과 민가가

불바다가 되는 영상이 나온다.

이태신   타격지점은 30경비단 변함없다.

야포단장   (질끈) 알겠습니다!

#137.	세종로 대치 상황	밤

30경비단에서 나오는 두광의 지프, 전속력으로

저지선까지 달려가는데... 이태신의 방송이 들려온다.

"30경비단 지휘관들에게 묻겠다! 아무것도 모르는 병사들에게

무슨 잘못이 있나?" 반란군 장성들 창가로 모여든다.

"너희의 상관은 나 수경사령관이다. 지금이라도 투항하면

아무런 죄를 묻지 않을 것이다."

전두광이 보란 듯이 지프 보닛에 올라가, 마이크를 거머쥔다.

전두광   (방송) 수경사령관을 따라온 부대 병력은

내 말 잘 들어라~!

이태신   !!!

전두광   (방송) 니들이 위험한 행동을 하는 즉시 나는
전면전으로 단 한 명도 남기지 않고 섬멸할 것이다!

동요하는 수경사 병력. 이태신은 애써 담대한 척...
야포단과 연결된 무전기를 쥐고

이태신   (방송) 정확히 5분 후, 야포단은 포격을 개시한다!

당황하는 반란군 장성들, 수경사로 피신한 육군본부 장성들의
반응이 교차된다.

전두광   (발끈, 방송) 여기 야포 때리면, 포탄이 어디로
떨어지는지 알아? 니들 머리 위에서 터진다구!
그거 쏘면 전부 다 같이 뒈지는 거야!

수경사 병력은 두려움을 느낀다. 망원경을 드는 전두광,
맞은편 이태신도 망원경으로 보고 있다.
똑같이 서로를 주시하는 팽팽한 심리전이 흐른다.

#138.	몽타주 : 일촉즉발 대치 상황	밤

— 수경사 야포부대, 포탄을 장착하고 포격 준비가 끝났다.

　야포단장은 망원경으로 멀리 불빛이 환한 세종로를

　바라보며... 곤혹스럽다.

— 30경비단 창가, 대치 상황을 응시하는 장성들,

　입술이 바싹바싹 타오른다.

　대치선에 있는 전두광이 노태건과 통화한다.

전두광　야포단장하고 연락됐어?

노태건　아니, 그놈이 응답을 안 해. 어떡하지?

전두광　아우 썅! (미간이 일그러진다)

— 어금니를 꽉 무는 이태신,

　자신이 결정한 포격 명령을 확인한다.

이태신　(방송) 이제 포격까지 정확히 2분 남았다.

전두광　(방송) 그래 쏴아, 쏘라구! 그럼 북괴가 얼씨구 좋다

　　　　　치내려오고 참 볼 만하겠다! 모든 책임은

　　　　　니가 져야 하니까 단단히 각오나 하고 시작해!

이태신　(혼잣말) 각오는 애저녁에 했어.

[인서트] 30경비단 본부 앞에 멈추는 세단! 조수석에서 내린 하창수가 뒷문을 연다(?). 화면에 포격 시작 카운트다운이 시작된다. 점점 줄어드는 초시계.

이태신   포격이 시작되면 전원 공격한다, 알았나?
병사들   네!!
강동찬   전 사수! 정 위치!

대치선의 양측 병력... 정말로 포격이 시작되는구나, 공포가 밀려온다.

전두광   아이, 저 씨발새끼가 진짜...

| #139. | 30단 작전실 복도 | 밤 |

복도로 슬그머니 나오는 배송학과 현치성,
뒤에서 "형님!" 노태건이 따라 나온다.

　　　노태건   끝까지 함께하셔야지 어디 가십니까?
　　　배송학   마! 오줌보가 터질라카는데, 그러면 뭐
　　　　　　　　여기서 쌀까?

앞에서 불쑥 나타난 하창수, 그 뒤를 따라온 누군가(??).

| #140. | 몽타주 : 명분을 빼앗기다 | 밤 |

야포단장의 손목시계, 30초 남았다! 28... 25...
이태신과 수경사 병력도 굳은 표정으로 포격 시작을 기다린다.
전두광과 반란군도 설마 도심 한복판에 포격을 할까...
두려움에 떨고 있다.

소리	이 장군? 나 국방장관입니다.
이태신, 강동찬	????
오국상	(방송) 사격 중지하세요. 모든 상황 종료됐습니다.
	이태신 수경사령관!

— 야포단, **"사격 중지!!"** 다급하게 명령하는 야포단장.

이태신	(무전 연결) 장관님이 왜 반란군 채널을 쓰십니까?

— 30경비단 작전실, 반란군 장성들이 위압적으로 둘러선
  가운데 국방장관이 마이크를 잡았다.

오국상	(방송) 이 사람아, 좋게 말로 해야지~ 왜 서로
	피를 보려고 하나?
노태건	(위협) 더 세게 하세요.
오국상	(방송) 내가 전 장군하고는 얘기를 잘 끝냈습니다.
	그러니까 필동으로 어서 돌아가 기다리세요.
이태신	(절박한) 안 됩니다! 그럴 순 없습니다.
오국상	(방송) 국방장관의 명령입니다.
	토 달지 말고 복귀하세요!
전두광	... (흐뭇함을 감출 수 없는)

— 세종로 수경사 병력들 모든 채널에서 들려오는
  국방장관의 음성을 듣고 있다.
— 필동 수경사 상황실, 진압군 장성들도
  국방장관의 목소리에 집중한다.

이태신   (방송) 장관님... 복귀 명령 철회하고,
           전두광 체포 명령을 전군에 내려주십시오.

— 태건이 오국상 손에 마이크를 꽉 쥐여주는!
  점잖은 눈빛이지만 왠지 칼날 같다.

오국상   (어금니 꽉, 방송) 어이 이태신이! 너 지금 나한테
           명령하는 거야? 국방장관이 니 부하야!!

이태신   ... (당황스러운)

오국상   (방송) 당신 말이야. 지금 이 시간부로
           수경사령관 직위해제야. 무슨 말인지 알아?
           이제부터 당신 아무것도 아니라고!

이태신   !!!! (충격 그 자체)

오국상   (방송) 이태신이는 수경사령관이 아니다!
           직위해제 되었다!

전두광   (스피커) 수경사 병력은 국방장관님 말씀 잘 들었을
           것이다. 군 반역자 이태신은 이제 수경사에 대한

그 어떤 지휘권도 없다! 이 시간부로 이태신은
수경사령관이 아니다!

이태신 ...... (이럴 수가... 그때 하늘에서 환하게 터지는)

| #141. | 사면초가(四面楚歌)! | 밤 |

평 평~ 수경사 진영 후방, 조명탄이 연달아 터진다!
수경사 병력은 공포에 사로잡힌다.

장민기 2공숩니다.

전두광 (끄덕)

대낮같이 밝아진 세종회관 앞 대로, 도희철을 선두로
2공수 최정예 병력이 새카맣게 올라온다.

자막, 2공수 세종로 도착

도희철 부대 정지.

— 수경사 후미가 후퇴한다. 2공수의 압도적인 병력에
겁을 집어먹었다. 강동찬의 외침, *"전 사수! 정 위치!"*
수경사 병사들 앞뒤로 고립된 상황이다.

반란군 장성들 표정이 환해지고...

이태신, M16 소총을 들고 돌격탱크(M48A3K)로 올라간다!

후방에서 파도처럼 밀려오는 2공수...

정면은 바리케이드 바다 너머로 전두광의 반란군 병력!

수경사 병력은 완전 포위당했다!

강동찬   위치 고수해. 대열 유지하고...

            (명령은 내리지만 허망한)

반란군 진영 뒤로 서촌의 주민들이 거리로 나온다.

"거기 통제해! 민간인 나오지 못하게 해!"

장민기가 민간인 통제를 명령한다. 병사들이 밀치면서

"들어가십시오! 들어가세요!" "아이 들어가시라고!"

전두광   야, 장 대령. 저 사람들 나오게 놔두라.

장민기   아직 위험한 상황인데...

전두광   쌔끼~

장민기   ...알겠습니다. (뒤돌아서) 야! 민간인 통제하지 마!

강동찬   (민간인 발견하고는) 사령관님, 저쪽에 주민들입니다!

전차 위, 이태신은 시민들을 바라본다.

이럴 수도 저럴 수도 없는... 곤혹감. 노태건의 지프가 반란군 진영에 나타난다. 전두광이 환한 미소로 악수한다.

노태건   어떻노?

전두광   국방장관 타이밍 죽이더라.

이태신의 참담한... 그때 군수참모가 무전을 받으라면서

군수참모   사령관님, 야포단장입니다.

야포단장   (무전) 사령관님. 야포단 유희종입니다! 죄송합니다.

　　　　　더 이상 사령관님의 명령을 이행할 수 없습니다.

이태신   ......

야포단장   사령관님... 죄송합니다. 정말.

이태신   ......

야포단장   죄송합니다. (무전이 끊긴다)

전차에 우뚝 선 이태신, 긴 호흡... 눈발이 흩날린다.
조명탄이 사라지고 새카만 어둠이 찾아온다.

#142.	전쟁을 멈추다	밤

부하들을 내려다보는 태신,

앳된 장병들 표정이 하나하나 눈에 박힌다.

이태신   (차분하게) 제군들 여기까지다.

         그동안 고생들 많았다!

병사들   ??!!!

전차에서 내려온 태신,

철모를 벗는데 병사들의 시선이 따갑다.

이태신   너희들... 대한민국에서 가장 무능한 사령관

         모시느라... 애들 썼다.

부하들   (울컥)

강동찬   사령관님...

이태신   부대 복귀시켜서 애들 좀 재워.

전두광   (스피커) 아주 잘했습니다~ 이태신 장군이

         용기 있는 결단을 내렸습니다!

이태신   !!

전두광   수경사 병력은 내 말 들어라.

         지금 당장 무장 해제하고, 차량 시동 끄라!

이태신, 힘없이 고개를 떨구는 부하들을 보자니

가슴이 미어진다. 들려오는 두광의 카랑카랑한 음성.

전두광	만일 한 놈이라도 정신이 헷가닥해서 감히
	맞서는 자가 있으면, 본인은 자비를 베풀지 않고
	처단할 것이다!
강동찬	죄송합니다. 제가 잘 모시지 못해서...
참모들	죄송합니다. / 죄송합니다...
이태신	(감정을 누르며 차분하게) 사령관으로서...
	너희에게 마지막 부탁 하나 하자.
	(참모들과 눈을 맞추며) 절대 날 따라오지 마라!

#143.	몽타주 : 바리케이드의 바다	밤

— 태신이 바리케이드를 잡고 훌쩍 넘는다.

끝없이 펼쳐진 바리케이드를 넘고 넘어 전진하는...

— 장민기가 후진하는 전두광의 지프를 붙잡는다.

장민기   사령관님, 저기 좀 봐주십시오!

두광이 망원경을 든다. 단신으로 바리케이드의 바다를
건너오는 태신! 집중되는 서치라이트! 강렬한 불빛이
이태신을 비춘다. 양측 병사들, 한 사람만 지켜본다.

노태건　　완전 미치뿐네.

전두광　　(지프 보닛에 또 올라가는)

태신이 계속 넘는다. 두광의 시선이 고정된...

어처구니없지만 무언가 거대한 파도처럼 밀려온다!

바리케이드에 걸려 태신이 떨어진다.

다시 일어나 권총을 뽑는! 강렬한 조명 때문에 보이지 않는...

이태신　　전두광이 이놈의 자식! 널 가만두지 않는다...

두광, 미소가 지워지고 표정이 굳는다.

다시 바리케이드를 넘어오는 태신,

장민기　　국방장관님 명령을 거부한 자는 쏴버려도 되지
　　　　　　않습니까?

진영도　　맞습니다. 즉각 사살 명령을 내려주십시오.

철조망 사이로 길을 내던 태신. 권총을 떨어뜨리고 만다.

장민기　　(스피커) 수경사 모든 병력에게 명령한다.
　　　　　　전쟁을 일으킨 범죄자 이태신을 즉각 사살하라!

"전원 사격 준비! / 명령 못 들었어? 조준해! / 사격준비!"

하지만 반란군 병사들은 자신들의 사령관을

차마 쏠 수가 없는... 장민기가 소총을 겨눈다.

조준경 망선 중앙에 이태신이 포착된다.

장민기   표적이 잡혔습니다.

전두광   ... (돌처럼 굳은)

노태건   안 된다. (만류) 보는 눈이 너무 많다.

[인서트] 2공수가 수경사 병력을 공격하여

전원 무장 해제시킨다.

태신이 돌아본다. 제압당하는 부하들을 보면서 애통하지만...

두광을 향한 전진을 계속한다. 마침내 바리케이드를

다 넘어왔지만, 겹겹이 막힌 원형철책 때문에

더 이상 갈 수가 없는... 하얀 입김을 뿜는 태신...

그 앞에서 두광이 철모를 벗더니 대머리를 쓸어 넘긴다.

| #144. | 몽타주 : 패자 VS 승자 | 밤 |

아... 적막하다. 세상 한복판에 이태신 혼자서

반란군 두목 전두광에 맞서는 중이다.

이태신   너는 대한민국 군인으로도... 인간으로도...
            자격이 없어.

전두광   !!! (얼굴이 발개진다)

헌병체포조가 태신을 에워싸고...
허동윤이 다가와서 "사령관님, 제가 모시겠습니다."
두광/태건은 체포되는 태신을 빤히 바라본다.
마침내 승리했건만 두광은 왠지 표정 변화가 없다.
승리했다고 좋아하는 반란군 장교들.
"수고했어 / 이야~ / 다들 고생했어."

전두광   (돌아보고) 웃지 마라.

철조망과 바리케이드 사잇길로 이태신이 끌려간다.

─ 태건, 두광이 30경비단으로 복귀한다.
  "잠깐 요 세워라." 갑자기 두광이 지프를 세운다.

노태건   (두광에게) 와 그라노?

전두광   먼저 가라. 당신이 가서 전해야지. 우리가 이겼다고.

(운전병에게) 출발해.

부웅~ 멀어지는 지프.

경복궁 돌담길을 걸어가는 두광의 뒷모습.

| #145. | 30단 작전실, 복도 | 밤 |

반란군 장성들 얼싸안고 좋아라 한다.

노태건   (선창) 우리는!

반란군   하나다!!!

구석에 웅크린 오국상 장관에게 다가온 태건,

90도로 깍듯이 절한다.

노태건   아까는 죄송했습니다.

오국상   아아 아냐~ 이 싸람아, 나도 애국심으로 한 거야.

노태건   한잔 하십쇼.

오국상   술은 안 돼. (손사래) 나 진짜 보약 먹어 요새.

배송학   아이고 시원하게 한잔 하소.

오국상   왜 이래??

한영구　　　(크게) 자~ 우리의 주인공이 오셨습니다!

작전실 입구에 나타난 두광을 보자,
열렬히 박수친다. 짝짝짝짝

노태건　　　뭐 하노 안 들어오고?

　　　　　　(양주병을 들고) 당신이 결국 해냈다니까!

두광은 목이 탔는지 단숨에 양주를 들이켠다.

노태건　　　(어깨동무) 우리 아직 친구 맞제?

전두광　　　그걸 말이라고 하나? (환한 웃음) 으이구 문디새끼~

　　　　　　(빈 잔 주고 복도로 나간다)

노태건　　　어데 가노?

전두광　　　오줌, 새키야.

#146.	서빙고 취조실, 화장실 교차	밤

— 서빙고(보안사 분실), 임학주 등이 이태신을
　구치실로 밀어 넣는다.
— 텅 빈 30경비단 화장실. 웃음소리가 킥킥킥킥 들려오고

전두광이 들어선다.

— 태신은 수감자용 군복을 지급받고,

"팬티까지 싹 다 벗습니다!" 태신이 임학주를 노려본다.

— 철모와 탄띠를 바닥에 던지는 두광,

오줌을 갈기며 터져 나오는 웃음을 참을 수 없다.

— 비좁은 방에 수감된 태신.

옆방에서 들리는 마른기침 소리가 왠지?!!

이태신   총장님? (벽으로) 참모총장님 거기 계십니까!

— 화장실, 두광의 그로테스크한 웃음소리가

오줌발처럼 쏟아진다.

#147.	삼청동 총리 공관 집무실	밤의 끝 (음악)

전두광을 비롯한 전투복 차림의 하나회가
집무실을 가득 채웠다. 반란군 위세에 포위당한 최 대통령
앞으로 오국상 장관이 서류철을 들이민다.

오국상   계엄사령관 체포동의서입니다.

최한규가 서명하자 전두광이 냉큼 가져가는데, 탁!

손바닥으로 서류철을 누르는 최 대통령.

순간 사납게 돌변하는 맹수들 눈빛!

최한규는 이에 굴하지 않고 서명란 귀퉁이에 기입한다.

클로즈업으로 〈1979. 12. 13. 05 : 10〉

최한규　　사후 재가입니다.

노려보는 전두광! 최한규는 차라리 눈을 감고...

우르르 나가는 군홧발들.

#148. | **몽타주 : 13일 새벽 도심 풍경 (음악)**

─ 통제가 풀린 한강교에 먼동이 터 온다. 군인들이

　바리케이드를 치우고 전차들과 일반 차량이 교차한다.

　간밤에 아무 일도 없었던 것처럼 한강 변 풍경은

　고즈넉하다.

─ 아침 햇살이 닿는 중앙청 꼭대기.

　반란군이 접수한 광화문 풍경. 우뚝 서 있는 돌격 전차...

#149. | **보안사 반란군의 연회장과 교차 몽타주** | **낮**

─ 군사반란의 성공을 축하하는 신군부의 파티다.

　하나회 장군끼리 다정다감한 포옹들.

　자막,　　하나회 축하연 (보안사령부)

전두광　　우리는 인자부터 국가와 민족을,

　　　　　그 담에 국민을 위해서 다 죽었다고 합시다!

반란군들　(환호)

전두광　　자 대한민국을 위해서, 우리는!

반란군들　**하나다!!!!!!!!**

전두광이 마이크를 잡고 애창곡을 부른다.

"죽장에 삿갓 쓰고~ 방랑 삼~천~리~"

— 격리 병실, 팔에 붕대를 칭칭 감은 공수혁이
　침대에 앉은 채로 넋이 빠져 있다.
— 연회장, 흥에 겨워 춤을 추는 하나회 장성들~
　왠지 내무반 고고장 분위기 같다.
— 서빙고 취조실로 하나회 영관들이 들어선다.
　태신은 고문을 받느라 물에 흠뻑 젖은 상태다.
— 연회장, 신나게 춤추는 장성들.
　게걸스럽게 먹고 웃고 떠드는 모습이 가관이다.
— 서빙고 분실. 절뚝거리는 김준엽을 보안사 수사관들이
　강제로 끌고 들어간다.
— 보안사. 간이침대에 누운 정상호를 툭 쳐서 깨우는 임학주,
　깨진 안경을 건네주면서

임학주　　계속하셔야지.

정상호　　끄응... (둘러보며) 전두광 이놈 어딨노?

— 연회장, 흥이 오를 대로 오른 장성들 사이에서
　두광과 태건이 무언가 속닥인다.
— 서빙고 구치실, 계급장 없는 군복 차림의 태신.

절망감에 얼굴을 파묻는...... 길게 [F.O.]

| **#150.** | **종로 보안사 건물 앞마당** | **낮** |

자막,   12월 14일 / 보안사령부 앞

기념 촬영하려고 나오는 반란군 무리.

12월의 겨울 하늘은 티끌 하나 없이 청명한데...

각자 자리를 지정해 주는 전두광,

명실상부한 늑대 무리의 왕이다!

태건의 손을 꼭 잡아주는 두광.

당당하게 카메라를 응시하는 반란군 주역들,

승리를 만끽하는 표정을 하나씩 클로즈업...

육사 17기
육군 준장 예편, 대통령 비서실 보좌관,
정무수석 비서관, 14대-15대 국회의원

육사 17기
육군 준장 예편, 대통령 비서실 사정수석 비서관,
14대 국회의원

육사 18기

육군 준장 예편, 대통령 비서실 민정수석,
안기부 제2차장, 13대 국회의원

육사 16기

육군 중장 예편, 특전사 3공수 여단장, 대통령
경호실장, 국가안전기획부장

육사 17기

육군 대장 예편, 수도경비사령관,
한미연합사령부 부사령관, 육군참모총장

육사 13기

육군 대장 예편, 수도경비사령관, 제1군단장,
육군참모차장, 3군사령관, 합참의장, 국방부장관

육사 12기

육군 대장 예편, 제26보병사단장,
특전사령관, 3군사령관, 육군참모총장

육사 8기

육군 대장 예편, 3군사령관, 안기부장,
12대-13대-14대 국회의원

육사 8기

육군 대장 예편, 육군사관학교장,
육군참모차장, 2군사령관, 교통부 장관

육사 10기

육군 대장 예편, 육군참모차장, 3군사령관,
육군참모총장, 11대-12대 감사원장

육사 11기

육군 대장 예편, 수도경비사령관, 체육부 장관,
내무부 장관, 12대 국회의원, 민정당-민자당 총재
제13대 대한민국 대통령 (1988-1993)

육사 11기

육군 대장 예편, 중앙정보부장 서리,
국보위 상임위원장
제11-12대 대한민국 대통령 (1980-1988)

전두광에서 카메라가 서서히 빠지면,

그 유명한 기념사진 구도가 된다.

큰 자막,　　**'신군부'로 불린 이들은 군조직을 장악 후**
　　　　　　정권 탈취를 노렸다

　　　　　　80년 봄, 대학생들의 민주화 시위를
　　　　　　공권력으로 짓밟았고

　　　　　　5.18 민주화운동으로 확산되자

공수부대를 투입하여 진압했다

마침내 신군부는 대한민국을 송두리째 삼켰다

카메라 플래시 '찰칵!' 기념사진이 흑백으로 바뀌고

찬란했던 '서울의 봄'은 그렇게 끝났다

음악과 함께 엔드크레디트가 떠오른다.

〈끝〉

비하인드 스틸

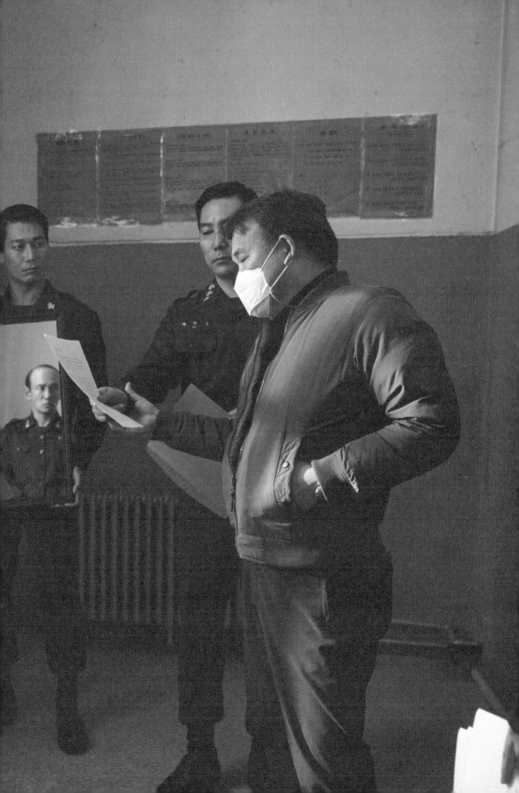

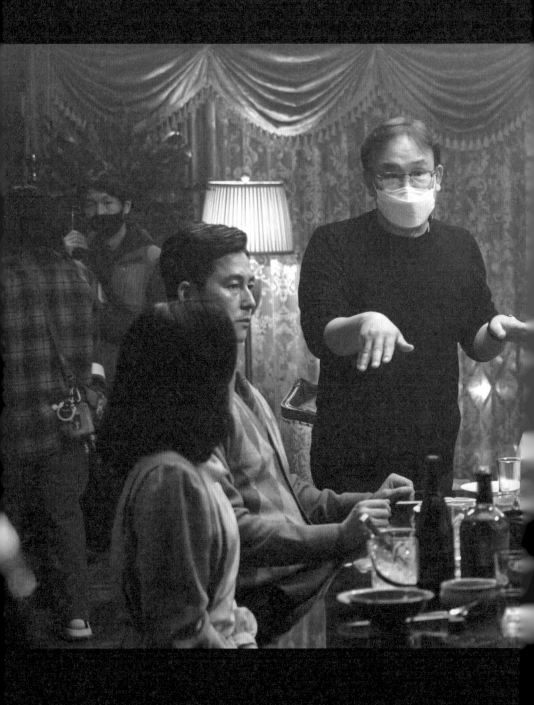

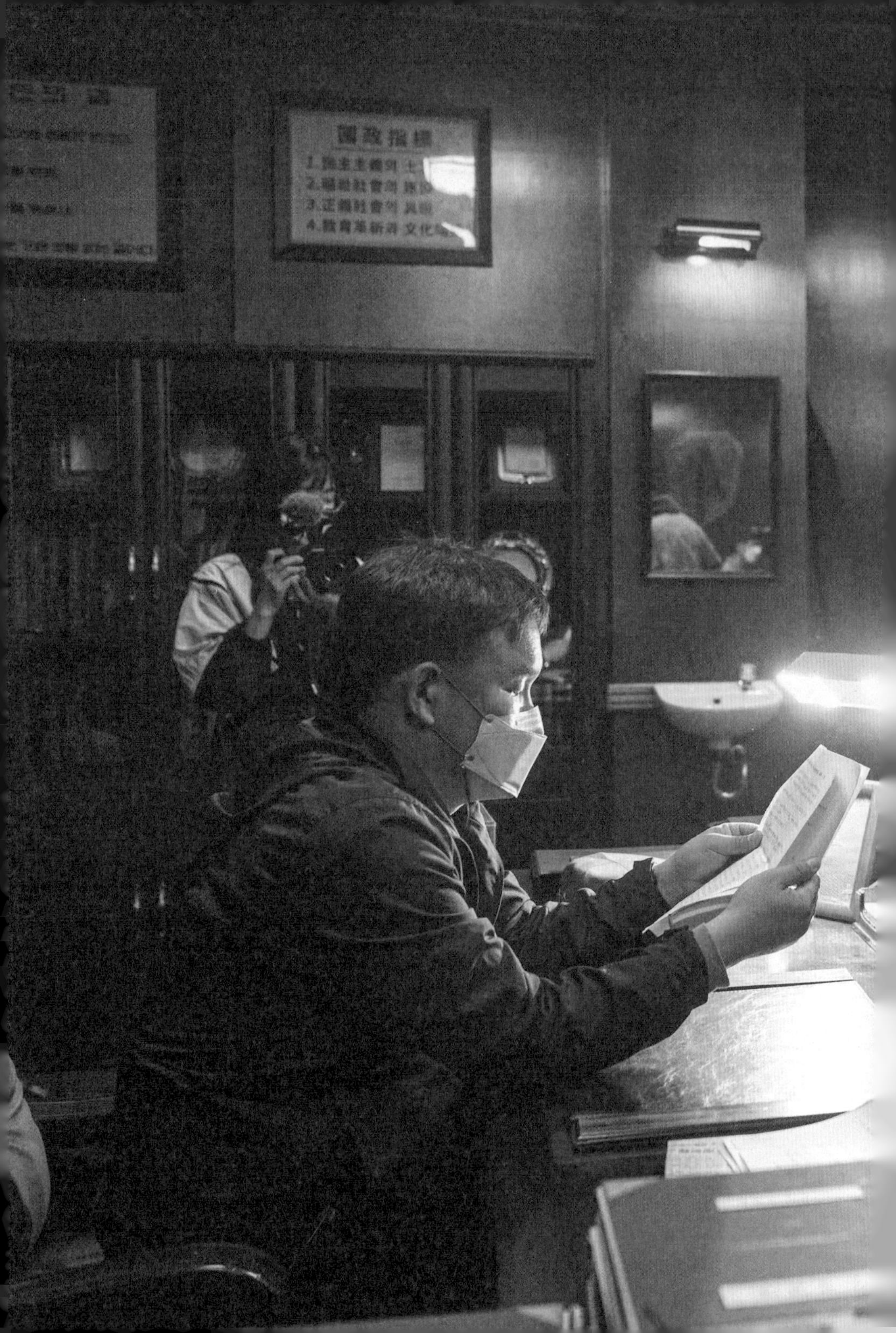

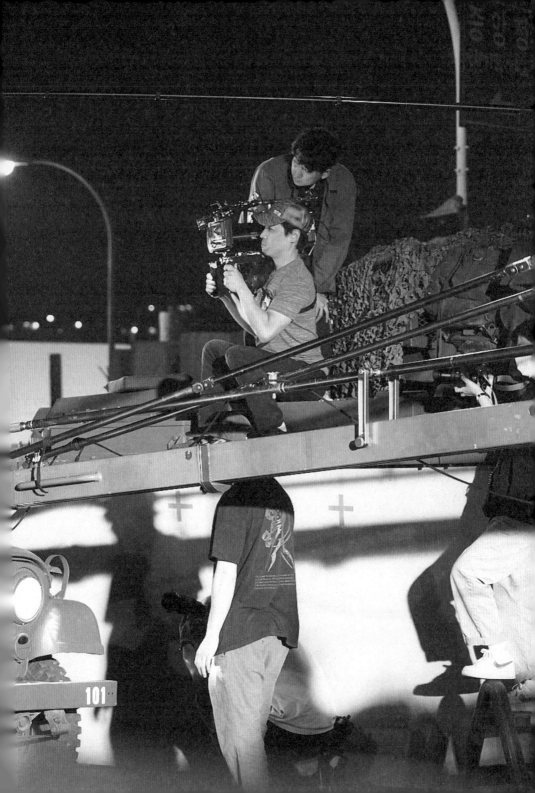

참모총장 집무실

필동 수경사 사령관실

필동 퇴계로

삼각지 육군본부 앞

삼각지 육군본부 건물 외관

삼각지 육군본부 B2 벙커

경복궁 30경비단 건물 외관

경복궁 30경비단 작전실

경복궁 30경비단 작전실

제1한강교 남단(현 한강대교)

제2한강교 북단(현 양화대교)

제3한강교 남단(현 한남대교)

행주대교 북단 검문소

명동 시내

명동 신세계 백화점 앞

소공동 프라자호텔

소공동 시청 앞

세종로 국제극장

세종로 대지

효창동 야포부대

김성수
감독

12.12 군사반란을 모르는 사람은 없다. 그러나
그 겨울밤, 수많은 사건과 관련된 군인들이 어떻게
연쇄적으로 뒤엉키면서 정권 찬탈의 숨 막히는
드라마가 펼쳐졌는지 자세히 아는 사람은 거의 없다.
국가의 운명이 하룻밤 동안에 전복된 내막을 알면
알수록 참으로 어처구니없고 탄식만 나올 뿐이다.
현실을 능가하는 픽션이 없다는 말이 여기에 딱
들어맞는다. 아무도 예측할 수 없는 전개 과정,
핵심 인물들이 저지른 행동과 판단들…. 45년 전
우리나라 역사에서 실제로 일어났던 이 사건은
그 자체로 놀라운 시나리오다. 사실 감독으로서
〈서울의 봄〉 같은 시나리오를 만나기란 쉽지 않다.
그래서 3년의 제작 기간 동안 나는 미친 듯이 즐겁게
일했다. 국내 최고의 배우들과 오랫동안 호흡을 맞춘
스태프와 함께 '영화적인 긴장감을 적절히 첨가하면서
폭풍우처럼 휘몰아친 그날의 현장 속으로 관객을
데려가고자' 한 땀 한 땀 정성 들여 만들었다.
그리고 하이브미디어코프와 플러스엠 식구들도
저마다 전력을 다해 영화를 근사하게 완성시켰다.
여러 사람의 순수한 열정과 에너지가 한곳에 모일 때
이따금 마법처럼 저절로 괜찮은 영화가 만들어지곤
한다. 〈서울의 봄〉이 그러지 않았나~ 감히 말하고 싶다.
물론 마지막 마술은 관객들의 응원이 해냈다!

김원국
대표

〈서울의 봄〉을 시작했을 때, 아홉 시간 동안 벌어졌던
일을 두 시간 가량의 영화에 담아내려고 하니 쉽지
않았다. 그래서 러닝타임 동안 긴장감을 잘 유지할 수
있도록 오랫동안 구성을 연구했고, 덕분에 시나리오
작업에만 거의 6년이라는 시간이 걸렸다.
〈서울의 봄〉에는 셰익스피어의 희곡 같은 '비극적
카타르시스'가 있고, 그것이 이 영화의 장점이 될 거라는
확신이 있었기에 작업을 계속할 수 있었다.
무엇보다도 작품을 영화적으로 훌륭하게 탄생시켜 주신
김성수 감독님께 정말 감사드린다. 감독님의 노력이
없었더라면 〈서울의 봄〉은 세상에 못 나올 작품이었다.
여기에 열심히 최선을 다해준 스태프, 배우들 덕분에
〈서울의 봄〉이라는 좋은 작품이 만들어질 수 있었다.
함께해 준 모든 분들께 다시 한번 정말 감사하다.
마지막으로, 이렇게 각본집까지 나올 수 있도록
〈서울의 봄〉을 뜨겁게 사랑해 주신 관객분들께도
진심으로 감사드린다.

이모개
촬영감독

처음 김성수 감독님께 각색되지 않은 시나리오를
받았다. 구조가 탄탄하고 이야기 자체가 흥미로웠다.
하지만 한편으론 김성수 감독님이 악역을 매력적으로
잘 그리시는 분이라 쿠데타를 옹호하는 작품으로
보이지 않을까 우려스럽기도 했다.
이런 걱정을 감독님께 전했는데, 감독님 머릿속에는
이미 방향이 잡혀 있었다. 시나리오를 다 읽고 난 뒤
도저히 잠이 올 것 같지 않아 이성환 조명감독과 함께
해운대 백사장 옆에서 맥주를 마셨다.
이 영화를 너무나 간절히 잘 만들어보고 싶었다.
〈서울의 봄〉에서 가장 크게 신경 쓴 부분은
'이 상황이 리얼하게 느껴지는가'였다. 오프닝에
등장하는 박정희 전 대통령 장례식 장면은 당시
시대상을 재현하기 위해 필름 촬영을 고민하기도 했다.
비용뿐 아니라 실제 필름을 다룰 수 있는 스태프들의
구성 문제로 무산되긴 했지만 드라마와 다큐멘터리
사이 그 어딘가를 찾아내기 위해 노력했다.
〈서울의 봄〉은 흥행과는 인연이 없다고 생각했던 내게
'고생했다'는 말보다 '축하한다'는 말을 더 많이 안겨준
작품이다. 멋진 작품에 초대해 준 김성수 감독님께
감사드린다. 이성환 조명감독을 비롯해 장근영
미술감독, 함께 작업한 모든 스태프들에게도 감사하다.
〈서울의 봄〉의 의미를 완성해 주신 관객분들께도
고개 숙여 감사를 전한다.

장근영
미술감독

"그날, 그 상황 속에 관객이 들어가지 못하면
이 영화는 실패다! 우리가 할 수 있는 만큼 제대로
잘해야 된다." 감독님의 첫 마디가 아직도 선명하게
각인되어 떠오른다. 그 말의 무게만큼 그날의
리얼리티를 찾아 많은 시간을 할애했다.
영상 자료, 이미지 자료를 섭렵하며 조금씩 그날에
다가갔다. 수많은 자료가 쌓여가고 이미지를
형상화하면 할수록 마음 한곳에선 작은 불안과
어떤 허기가 느껴졌다. 제대로 가고 있는 것일까?
계속해서 질문을 던졌다. 쉽진 않았지만 그 질문의 답은
함께하는 감독님과 촬영감독님, 조명감독님과의 콘티
작업을 통해서 하나하나 찾아갈 수 있었다.
우리가 생각하고 우리가 펼쳐낼 그날의 사건 속에,
카메라의 움직임 속에, 공간의 조명 속에 자연스럽게
녹아드는 리얼리티.
그날의 사건이 진실이듯 거슬리지 않게 베이스를
준비해 내는 것이 나의 일이었다. 그 여정을 위해
묵묵히 노력해 준 미술팀과 소품팀, 세트팀…,
모든 스태프들에게 감사드리며 이 작품에 초대해 준
감독님께 다시 한번 감사드린다.
더불어 내 인생 최고의 작품 〈서울의 봄〉에 감사한다.

이성환
조명감독

1979년 12월 12일 군사반란은 내가 태어나기도 전에
일어난 사건이다. 어릴 적 TV 드라마를 통해 그리고
학창 시절에 역사 교과서를 통해 접한 게 전부였다.
처음 김성수 감독님께서 보내주신 시나리오를 읽어
내려가면서 나중에서야 알았다. '내가 온몸에
힘이 잔뜩 들어간 채로 글을 읽고 있었구나'라는 걸.
그만큼 1979년 12월 12일 그날 밤, 마치 내가
그 자리에 있었던 것 같은 착각이 들 만큼 사건의
긴박함과 인물묘사가 뛰어난 시나리오였다.
결국 비극으로 끝나버린 시나리오의 맨 뒷장에
왜 이 이야기를 만들어야만 하는지 감독님의 생각이
담겨 있었다. 오래된 숙제를 풀어낼 수 있는 소중한
기회…. 그 소중한 기회에 무조건 동참하고 싶었다.
그 시대를 경험해 보지 않았던 나에게 이 작품은
이전에 작업했던 작품들과는 좀 더 다른 의미로
다가오는 것 같다. 물론 많은 스태프들과 배우분들도
마찬가지였을 거라는 생각이 든다. 철없는 마음에
엔딩 신에서 이태신이 전두광의 얼굴을 한 대 때리면
안 되냐고 감독님께 푸념했던 기억이 난다.
그만큼 나에게 이 작품은 단지 조명감독으로서의
역할뿐 아니라 스토리적인 부분에서도 정말
진정성 있게 임했던 작품이기도 하다.
광화문 영화사 작업실에서 김성수 김독님, 이모개
촬영감독님, 장근영 미술감독님과 콘티 작업을
하며 보낸 5개월의 시간이, 현장에서 동료 스태프,
배우분들과 치열하게 함께했던 6개월의 시간이
나름 의미 있는 시간이었다는 걸 많은 사람들이
〈서울의 봄〉을 사랑해 주는 걸 보며 느낀다.

이용수
프로듀서

운명처럼 다가온 작품이라고 생각합니다.
김성수 감독님과 다시 작품을 할 수 있게 된 것도,
하이브미디어코프에서 작품을 계속하고 있던 것도,
〈서울의 봄〉이라는 작품을 만난 것도 운명 같았습니다.
그 역사를 다시 바라보고 자세히 알아보게 되어서,
그리고 많은 관객들도 만든 우리와 같은 마음으로
영화를 본 것 같아서 더 보람 있었습니다.
영화 〈서울의 봄〉은 몹시 힘들고 어려웠지만
제가 성장할 수 있었던 작품이자 자랑스러운 최고의
작품입니다. 함께 만든 모든 사람이 너무 완벽한
이 영화에 프로듀서로 참여할 수 있었다는 것이
영광스럽습니다. 배우분들과 모든 스태프분들,
김원국 대표님과 진심으로 함께한 제작팀에게
감사드립니다. 특히 함께 만든 모든 사람들과
많은 관객분들 전부 같은 마음으로 영화를 봐주신 것에
대해 너무너무 감사드립니다. 김성수 감독님을 모시고
작품을 할 수 있게 되어 너무 좋은 이 작품이
사람들 가슴속에 오래 남았으면 좋겠습니다!

김진우
프로듀서

처음 시나리오를 본 날의 흥분과 기대감을 아직도
잊을 수 없습니다. 〈남산의 부장들〉을 하고 난 뒤라
사건과 시대의 이해가 충분하다고 생각했는데,
〈서울의 봄〉 시나리오는 또 다른 이야기와 새로운
호기심으로 날 매료시켰습니다. 많은 캐릭터 중
누구 하나 흥미롭지 않은 인물이 없었고, 다 알고 있다
생각했던 그날의 사건이 감독님의 경험과 시선으로
재탄생하는 과정이 하나하나 신나는 일이었습니다.
거기에 최고의 배우와 스태프들까지.
너무 행복한 시간이 될 수밖에 없었습니다.
감독님은 너무나 명확한 방향을 제시하며 앞으로
나가셨고, 그것들이 기반이 된 영화의 리얼리티가
후반까지 이어지며 마치 실제가 아닐까 하는 착각마저
들게 했습니다. 특히 영화 후반부 이태신의 외로운
싸움은 결국 이 영화의 끝이자 새로운 시작이었습니다.
팩트와 픽션을 넘나들며 멋진 이야기를 만들어주신
감독님과 캐릭터들을 실감 나게 구현해 주신 황정민,
정우성, 이성민 및 모든 배우님들. 감독님의 이야기를
완벽하게 화면에 담아준 이모개 촬영감독 이하
스태프분들. 그 모든 걸 안고 묵묵히 달려준 제작팀,
최고의 작품을 함께할 수 있게 기회를 주신 김원국
대표님. 무엇보다 〈서울의 봄〉을 응원해 주신 1312만
명의 관객분들에게 머리 숙여 감사의 인사를 전합니다.

〈서울의 봄〉 '전두광'은 내게 난이도 최상의 캐릭터였던 것 같다. 캐릭터를 위해
촬영장에서 스스로 모두의 '왕따'를 자처할 만큼 굉장히 집중이 필요한 현장이었고
오로지 '전두광'이라는 역할에 몰입하여 열정을 쏟아내야만 했다.
'내가 너무 힘을 실으면 관객들에게 인물이 우상화되지 않을까?' 하는 우려감이 들어
굉장한 힘 조절이 필요했다. 관객분들이 오롯이 극 중 캐릭터인 '전두광'
그 자체로 봐주셨으면 했다. 한편으로 '처음부터 끝까지 군인들만 나오는
이런 영화를 관객분들이 좋아해 주실까?' 하는 걱정도 있었다. 하지만
김성수 감독님에 대한 철저한 존경심과 믿음이 있었고 시나리오 또한
너무도 재미있었다. 이렇게 재밌는 시나리오를 관객들이 재밌게 볼 수 있게
"내 몫의 연기를 잘해보자!"가 가장 큰 목표였다.
영화를 촬영하면서 내적으로는 '전두광'이라는 사람이 극 중 사건에
어떻게 반응하고 대처하는지와 같은 기본적인 것들이 중요하게 다가왔고,
외적으로 촬영에 들어가기 전에 오랜 분장을 마치고 군복을 입는 순간
나는 이미 황정민이 아닌 극 중 캐릭터로서 완전한 가면을 쓴 것 같은 기분이었다.
그렇게 '서울의 봄'이 완성되었다.
그리고 정말 감사하게도 〈서울의 봄〉이 관객들에게 많은 사랑을 받았고,
'전두광' 캐릭터도 흥미롭게 봐주셨다. 정말 감사하다! 또한 이 모든 순간을 만들어주신
김성수 감독님께 무한한 감사의 말씀을 전하고 싶다.

정우성 이태신 役

시나리오가 서서히 나에게로 다가오는 것이 느껴졌다. 애초 〈아수라〉 이후
김성수 감독님의 차기작으로 시나리오 모니터링을 했던 〈서울의 봄〉.
제삼자의 입장에서 감상을 나누는 일은 가벼운 마음으로
거침없이 비수를 꽃듯 날카로운 소리를 날릴 수 있었다. 시나리오에 대한 나의 의견은
감상평보다는 '의도치 않은 어떤 미화도 피해야 한다'는 것이 주된 내용이었다.
그리고 시간이 흘러 여러 우여곡절을 겪은 '이태신'을 데리고 온 감독님이
나에게 다시 〈서울의 봄〉을 전달했다. "너 아니면 안 될 것 같다"는 말과 함께.
역사에 승패란 있을 수 없다고 생각하지만 그 상황과 시간을 살았던 누군가에게는
승리와 패배의 감정이 나뉠 수밖에 없는 인간사.
두려웠다. 어떤 미화도 허락할 수 없는 대한민국 근현대사의 가장 큰 사건 중 하나,
12.12. 제삼자로 평이나 하는 것이 마음 편했건만 당사자로 참여할 수 있을까,
잘 해낼 수 있을까…. 1979년 12월 12일. 그날 밤, 그 시간을 살았던 만 49세였던
누군가…. 2022년 만 50세인 나…. 굳이 비슷한 점이라고는 나이, 그것도 내가 한 살
많은 나이인데. 실재했던 그 인물보다 성숙한 어른이 될 수 있을까….
시대와 인물의 무게, 그때 그 상황에 펼쳐진 인간들의 부조리한 선택들….
무엇 하나 자신감 있게 표현하고 확신을 갖고 방향을 정해 앞으로 나갈 수 없는
상황들에 사로잡힌 '이태신'을 연기하기란 정말로 버거운 시간의 연속이었다.
감당하고 버텨내는 수밖에 없었다.

이성민 정상호 役

존경하는 김성수 감독님의 작품에 참여할 수 있어서 영광이었습니다.
더불어 훌륭한 배우들과 함께 호흡을 맞출 수 있어 행복했습니다.
특히 〈서울의 봄〉은 한국 영화 역사에 새로운 기록을 이룩했다고 생각합니다.
참여한 배우로서 자랑스러운 필모그래피로 오래 기억할 수 있게 되었음에 감사합니다.

해를

박해를

박해준 노태건 役

〈서울의 봄〉 시나리오를 처음 받고 준비해 나가는 동안 참 고민이 많았다.
실제 존재했던 역사 인물을 처음 맡아보는 거라 뭘 어떻게 해야 하는지도 몰랐고
부담도 많았다. 그런데 감독님과 정민 선배님을 만나고 그런 부담이 많이 줄어
용기를 냈다. 우리는 다큐를 찍는 것도 아니고 역사를 재현하는 것도 아니다.
그냥 가장 극적인 순간을 재밌게 보여줄 뿐이다. 그렇게 촬영이 들어가고
가장 극적인 영화 〈서울의 봄〉이 극장에 걸렸다. 다들 너무나 영화를 잘 봐주시고
분노해 주시고 분통해 주셔서 너무 감사하다. 참 다행이다.

김의성 노국상 役

2022년 봄 어느 날 김성수 감독님께서 전화를 주셨습니다.
〈서울의 봄〉이라는 영화를 만드는데 제가 맡아줬으면 하는 역이 있다고요.
저로서는 너무나 감사한 일이었습니다.
1979년의 이 군사반란 사건을 감독님은 한남동에 살던 고3으로 직접 겪으셨지만 당시
중학교 2학년생이었던 저 또한 신문기사와 어른들의 쑥덕거림으로 접했던 기억이
또렷했습니다. 이 사건과 이어진 광주 민주항쟁과 시민학살을 몇 년 뒤 대학생이 되어
접하면서 저의 20대, 심지어 지금까지의 인생은 80년 광주에 의해 지배되고 결정되어
버렸기에, 제 인생을 지배했던 그 사건의 시작인 12.12 군사반란을 다룬 영화에
출연한다는 것은 저에게 매우 큰 의미였습니다.
게다가 평생 존경해 온 김성수 감독님과 함께 일할 수 있는 놀라운 기회를 놓칠 이유가
없었습니다. 1979년 가을 충격적인 대통령 서거. 그해 겨울 서울 시내 한복판에서의
총격전과 탱크 등장의 소문. 해가 바뀌며 전국에 퍼져나갔던 민주화의 바람. 뉴스에
서서히 등장하던 전두환이라는 이름. 서울역 회군. 그리고 광주.
중학생의 눈에 맺혔던 신문의 활자들이 아직도 사진처럼 선명한데,
이제 중년이 된 제가 그 역사에 뛰어들어 역사 속의 가장 비겁한 인물을 재현하다니.
정말 멋진 일이 아닐 수 없었습니다.

감사 합니다~

김성균

김성균 김준엽 役

1979년 12월은 제가 어머니 배 속에 있을 때였는데요(1980년생입니다^^;),
그래서 영화 〈서울의 봄〉은 저에게 놀라운 경험이었습니다.
김준엽 헌병감으로 그 시절 그 사건 속에 있었던 순간들이 배우로서
너무나 짜릿하고 감사했습니다. 또 존경하는 김성수 감독님,
존경하는 여러 선배님들께 많은 것을 배웠습니다. 감사합니다. 무엇보다
〈서울의 봄〉을 사랑해 주시고 공감해 주신 모든 관객 여러분, 정말 감사합니다~

인터뷰

주성철×김성수

"군복들이 밀려온다." 〈서울의 봄〉은 오프닝부터 전체를 조망하는 마스터숏 없이, 관객을 1979년 10월 26일 육군본부 B2 벙커 앞으로 뚝 떨어뜨려 놓는다. 가령 김성수 감독의 전작 〈아수라〉(2016)만 해도 영화 속 안남시 풍광을 항공촬영의 부감숏으로 보여주며 "인간들이 싫어요"라는 한도경(정우성)의 내레이션으로 시작했었다. 〈서울의 봄〉과 〈아수라〉는 물론 〈태양은 없다〉(1999)와 〈무사〉(2001)도 함께한 정우성 배우와의 첫 만남이었던 〈비트〉(1997)에서도 "나에겐 꿈이 없었다"라는 민(정우성)의 내레이션이 영화를 열었다. 그런데 〈서울의 봄〉은 담아내고자 하는 인물의 감정이나 정서가 아니라 예기치 못한 '상황'으로부터 시작한다. 말하자면 〈서울의 봄〉은 관객에게 마음의 준비를 할 시간을 주지 않고 시작하는 영화다. 게다가 오프닝의 마스터숏은 이제 보게 될 영화의 촬영, 조명, 프로덕션 디자인, VFX의 기준점이 되기도 하기에 꽤 중요하다. 그래서 영화를 보고 나온 다음, 각본집의 첫 페이지가 너무나도 궁금했다. 거기 쓰인 첫 문장은 다음과 같았다. "군복들이 밀려온다."

〈서울의 봄〉은 바로 그 첫 문장으로부터 직진에 직진을 거듭한다. "그날로 가보자!"라는 김성수 감독의 제안으로 그와 함께 각본을 써나간 이영종·홍원찬·홍인표 작가, 〈감기〉와 〈아수라〉에 이어 세 번째 호흡을 맞춘 이모개 촬영감독과 이성환 조명감독, 〈아수라〉에 이어 두 번째로 작업한 장근영 미술감독, 〈아수라〉의 제작실장이었던 이용수 프로듀서, 그리고 첫 번째 만남인 정재훈 VFX 슈퍼바이저가 그 고단한 여정에 흔쾌히 동참했다. 결과적으로 천만 넘는 관객이 호소했던 〈서울의 봄〉의 '과몰입 증후군'은 바로 거기서 유래한다. 무방비 상태의 현재 관객을 1979년 10월 26일로 불쑥 데려간 것이다. 그처럼 〈서울의 봄〉은 김성수 감독의 이전

작들과 비교하면 시작부터 달라서, 꼼꼼하게 각본집과 대조해 보고 싶은 강한 호기심이 생긴 영화였다.

살짝 다른 얘기를 하자면, 가장 좋아하는 아시아 액션 스타가 바로 홍콩 쇼브라더스의 적룡이다. 〈영웅본색〉(1986)에서 장국영 배우의 형으로 나온 사람이라고 해도, 이제는 잘 모르는 관객이 많을 것이다. 개인적으로 적룡 다음은 정우성이다. 실제로 적룡과 정우성이 닮았다고 느끼는 홍콩 현지인을 많이 만났고, 장철 감독과 적룡의 열혈 팬인 김성수 감독이 〈비트〉 이전의 데뷔작 〈런어웨이〉(1995)부터 정우성에게 매료되어 함께하고자 했던 것도 그 때문이 아닐까 싶다. 적룡은 언제나 적들의 함정에 빠져 기어이 스스로 헤쳐 나왔고, 피를 철철 흘리며 쓰러지기 직전인 순간에도 다른 이들부터 먼저 보살피며 혼자 수십, 수백 명의 적과 싸웠다. 단연 압권은 적들로 가득한 객잔에서 두 눈을 잃기 전까지 싸우던 장철의 〈복수〉(1970)에서의 순간과 적들이 파놓은 함정이었던 연회장에서 계속 싸우다 자신의 성으로 달아나던 중, 다리 위에 꼿꼿하게 버티고 서서 위와 아래에서 마구잡이로 달려드는 수십 명의 적들과 대치하는 (역시 장철의) 〈13인의 무사〉(1970)의 장면이다.

반란군의 서울 진입을 막기 위해, 행주대교 한가운데서 2공수 여단을 홀로 막아선 이태신 장군(정우성)을 보면서 바로 그 〈13인의 무사〉의 적룡이 떠올라 감격스러웠다. 각본집에서는 "차량을 막아선 태신. 겨울바람과 눈발이 그의 얼굴을 때린다"고 묘사하고 있다. 이어서 "사람 하나가 행주대교 중간을 막았습니다"라는 감시요원의 얘기에 전두광(황정민)의 비서실장 문일평(박훈)은 "한 명? 진짜 한 명? 마, 똑바로 보고 안 해?"라며 믿지 못한다. 그렇게 2공수 여단은 행주대교 한가운데에서 유턴하여 돌아간다.

〈무사〉에서 몰려드는 원나라 군사를 막아내고자 창 하나로 거의 홀로 해안 토성 앞에 버티고 섰던 여솔(정우성)의 이미지도 이태신 장군과 겹친다.

오직 수화기를 든 장면만 등장할 뿐이지만, 이태신 장군이 하나회의 '늑대 무리'들과 일일이 통화하다가 폭발하는 장면은 또 어떤가. 앞서 얘기한 행주대교 신과 더불어 장철 감독 액션영화 특유의 중과부적(衆寡不敵)의 미학이 배우 정우성의 몸과 입을 빌려 〈서울의 봄〉 곳곳에서 펼쳐지고 있어 감격적이었다.

그처럼 〈서울의 봄〉을 〈비트〉, 〈태양은 없다〉, 〈무사〉, 〈아수라〉로부터 이어지는 배우 정우성과 김성수 감독의 다섯 번째 합작품으로 독해하는 것도 중요하다. 언제나 장대한 김성수식 비극의 마지막을 장식하는 이가 바로 정우성이었기 때문이다. 그처럼 각본집을 읽는 것만으로도 영화 속 상황이 흥미진진하게 다시 눈앞에 펼쳐진다. 세계영화사를 돌이켜보면 반드시 어떤 특정한 배우와 감독이 결합해야만 설득력을 획득하는 대체 불가의 장면, 혹은 그들의 독보적인 아우라로 서사를 초월해 존재하는 배우와 감독의 파트너십이 분명 있다. 〈서울의 봄〉의 정우성과 김성수 감독이 그렇다. 그렇게 김성수 감독은 자신의 새로운 세계로 다시 한번 그를 초대한 것이다. 〈서울의 봄〉처럼 구체적인 역사적 사건과 연출자의 장르적 서명이 이렇듯 황홀하게 만난 사례가 있었던가. 〈서울의 봄〉 각본집을 향한 질문은 바로 거기서 시작된다.

- -

주성철 〈서울의 봄〉 속 사건이 벌어진 당시 열아홉 살 김성수는
어떤 생각을 했는지 궁금합니다. 어쩌면 그것이 그날로부터 무려 40년도 더
지나 〈서울의 봄〉이라는 시나리오와 만나게 된 운명이라는 생각도 듭니다.

김성수 너무 오래된 일이라 당시의 내 생각을 정확히 떠올리긴
힘든데요, 다만 지금의 한남동 제일기획빌딩 앞에 있던 뉴용산관광호텔
앞에서 장갑차를 보고 강렬한 호기심으로 따라갔던 기억이 있어요. 하지만
공관촌 쪽에서 터져 나온 총소리를 듣는 순간부터는 몸을 웅크린 채
무서움에 떨었던 기억만 나요. 왜 우리 동네에서 총격전이 벌어진 거지?
누가 누구랑 싸우는 걸까? 추위 속에서 공포심과 함께 그런 의문이 들어서
한참 동안 옥상에 쪼그린 자세로 총소리를 계속 듣고 있었죠. 다음 날
신문에서 정승화 육군참모총장을 연행했다는 기사를 읽긴 했지만, 왠지
사건의 내막을 철저히 감추려 한다는 느낌을 받았어요. 마치 누구도 이
사건을 발설하면 안 되는 분위기였는데, 그래서인지 그날 밤의 총격전에
대해 남들보다 더 큰 호기심을 느꼈던 것 같아요. 대학생이 된 후에도 만나는
사람마다 내가 목격한 내용을 이야기하면서 대화의 주제로 삼은 적도
많고요. 하지만 내 주변의 대학생들은 이듬해 5월 광주에서 벌어진 상황에
관심이 많았죠. 광주의 참상이 거의 알려지지 않고 풍문으로만 떠돌던
시기였어요. 나는 그와 더불어 우리 동네에서 벌어진 사건인 탓에 오랫동안
그날 밤의 총성이 기억 속에 깊이 각인돼 있었어요. 왜? 도대체 무슨 이유로
총을 쐈지? 내 머릿속에선 수수께끼 같은 의문부호들이 내내 맴돈 거죠.

주성철 〈서울의 봄〉 시나리오의 첫 문장부터 질문하고 싶습니다.

시나리오 자체가 문학 작품은 아니지만 그래도 쓰는 작가 입장에서는 하나의 작품이라고 생각하고 쓴다고 생각해요. 그런 점에서 주인공의 내레이션으로 시작하는 경우가 많았던 감독님의 이전 영화들과 달리, 관객을 사건의 현장 속으로 불쑥 던져놓는 것처럼 시작하는 〈서울의 봄〉 각본의 첫 문장은 무엇일까 정말 궁금했는데, 바로 "군복들이 밀려온다"였습니다.

김성수 그 첫 문장을 여러 번 고쳐 썼어요. 우리 세대는 김승옥 작가의 《무진기행》속 유명한 구절 "밤사이에 진주해 온 적군들처럼 안개가 무진을 뻥 둘러싸고 있는 것이었다" 같은 문장을 쓰고 싶은 흠모의 마음이 있죠. 〈서울의 봄〉의 첫 신을 열면서, 그 무진의 안개를 군대에 비유했듯이 나름 흉내를 낸 문장이 나온 게 아닐까 싶어요. 1979년 10월 26일 박정희 대통령이 암살되고 난 직후, 나는 고등학교 3학년 학생이었음에도 뭔가 세상이 크게 흔들리는 느낌을 받았어요. 그때는 어른들조차 혼란스러운 정국의 변화를 제대로 파악하지 못했다고 기억해요. 마치 짙은 안개에 갇혀서 사건의 실체는 꽁꽁 은폐된 채로 전 국민이 불안감에 휩싸여 있었죠. 〈서울의 봄〉 첫 장면에 등장하는 주요 군 지휘관들은 실제로 10월 27일 새벽에 육군본부 지하 벙커에 다 모여들었는데, 대부분 대통령의 서거를 모르는 상태였죠. 그러다 사실을 접한 순간 모두가 크게 동요하는 가운데 보안사령관이 합수부장이 되고 참모총장이 계엄령을 선포했을 거예요. 그날 밤의 혼란스러운 상황에서 영화가 시작되어야 한다고 생각한 거죠.

주성철 영화에서 전두광은 처음에는 뒷모습으로만 등장하다가,

취조받는 중앙정보부 부장 김동규(차건우)에게 안경을 씌워주면서 관객의 시점으로 그의 얼굴을 정면으로 마주하게 됩니다. 그러고는 "(섬뜩한) 세상은 그대로야"라는 대사를 통해 전두광의 얼굴을 또렷이 보게 되는데요, 아무래도 초반부에 전두광의 첫 등장도 굉장히 고심하셨을 것 같아요.

김성수 그 장소는 용산구 서빙고동에 있던 구 국군보안사령부 소속 대공분실이에요. 간첩, 반정부 인사들을 비롯해 국가 체제에 위협이 되는 인물들을 데리고 온 후 각종 공작과 고문이 자행되는 곳이었는데 섬뜩하게 '빙고 호텔'이라는 별칭으로도 불렸죠. 김동규를 비롯해 나중에 정상호 참모총장(이성민), 이태신 장군 모두 거기로 잡혀 와요. 김동규의 실제 인물인 김재규도 눈이 굉장히 안 좋았다고 하더라고요. 영화에서처럼 안경을 뺏기고 다시 끼고 했다는 얘기도 당시 기록에 있어요. 그래서 김동규가 안경을 쓰면서 초점이 딱 맞춰지며, 전두광의 존재감이 확 드러나고 관객도 '그 당시 역사의 전면에 등장한 악당의 얼굴'을 직시했으면 했죠.

주성철 전두광과 군대 내 사조직 하나회의 세력 확장에 위기를 느낀 정상호 총장이 육군참모총장 공관으로 이태신을 부릅니다. 정상호가 이태신을 "수도경비사령관으로 임명하고 싶습니다"라고 말할 때 "정상호 잠시 나무를 올려다본다"라는 지문이 있는데요. 그 장면을 인물의 클로즈업이나 바스트숏이 아니라, 두 인물 모두 내려다보는 부감숏으로 처리한 이유가 있을까요. 앞으로 벌어질 일에 대한 전지적, 신(神)적 시선을 제공하는 것일까요.

김성수 그 부분은 실제 헌팅을 다녀와서 쓴 거예요.
당시 육군참모총장 공관과 비슷한 곳을 계속 찾아다녔죠. 최종적으로
영화 속에 나온 건물이 마음에 들긴 했는데, 실제 육군참모총장 공관은 2층
구조여서 좀 고민이 됐어요. 그런데 장근영 미술감독이 적극적으로 현재의
공간을 원했어요. 왜냐고 물었더니, 단층짜리 건물과 길쭉한 소나무들이
서 있는 그곳이 바로 추사 김정희의 세한도(歲寒圖)를 닮았다는 거죠.
제주도에서 유배 생활을 하던 김정희에게는 중국에 사신으로 갈 때마다
최신 서적들을 구해다 보내주던 제자 이상적이 있었는데, 김정희는 유배
가기 전이나 유배 간 뒤나 언제나 변함없이 자신을 대하는 이상적의 의리를
보면서 그에 대한 감사함을 담아 세한도를 그렸어요. 장근영 미술감독은
자신이 가장 좋아하는 그림이 바로 세한도라며 "절개 있는 두 남자의 대화를
담아내기에 더없이 좋은 공간"이라고 했어요. 그래서 두 사람이 기울어진
노송 사이로 걸어가는 장면을 찍고, 나뭇가지로 두 사람을 가른 채 정상호가
올려다보는 장면을 마치 운명의 갈림길을 보여주는 것처럼 찍었죠.
그처럼 그 공간에서의 촬영은 전적으로 장근영 미술감독과 이모개
촬영감독의 아이디어였어요.

주성철 이후 복도에서 이태신과 전두광이 드디어 처음으로 일대일
대면을 하게 되는 장면도 궁금했습니다. 각본집에는 혼자 걷고 있는 태신과
달리 "두광은 늑대 무리를 이끌고 간다"라고 돼 있죠. 세력을 결집하고 있는
그와 하나회를 '늑대 무리'라고 표현하고 있어 흥미로웠습니다.

김성수 곽정애 의상감독이 "이 영화의 군복 이미지를 어떻게 가면

좋을까요” 하고 물은 적 있는데, “군복은 군복”이라고 했죠.(웃음) 그리고
계급이 높은 군인들은 옷을 잘 입으니까 좀 핏이 좋게 착 달라붙으면서
남성의 육체성이나 라인이 드러나는 의상이면 좋겠다고 했더니, 이 영화의
높은 사람들의 군복이 너무 핏이 좋으면 안 좋을 것 같다고 하더라고요.
그래서 다음 회의 때 '하나회 의상 콘셉트'라며 내가 골라둔 사진을
보여줬어요. 보자마자 의상감독이 “이게 뭐예요?” 그랬는데, 바로 실제
회색늑대 무리 사진이었어요. 무리 지어 다니면서 먹잇감을 위협하고
똘똘 뭉쳐 싸우는, 그러면서 제각각 날카로운 어금니를 드러내며 욕망이
들끓고 있는 모습들이죠. 주변 스태프들이 재밌다면서 그 사진을 아예 벽에
붙여놨어요. 그러다 보니 마지막 버전의 시나리오를 쓸 때 저절로
'늑대 무리'라고 표현하게 되더라고요.

주성철   몇몇 주요 스태프들에 대한 얘기를 해주셨는데요,
역시 〈감기〉, 〈아수라〉에 이어 〈서울의 봄〉으로 세 번째 함께한 이모개
촬영감독, 이성환 조명감독이야말로 이제 '김성수 영화'를 얘기할 때 빼놓을
수 없는 존재가 됐습니다. 그들과의 세 번째 작업으로써 이전과는 어떻게
다르게 소통했고, 그들의 아이디어와 역량이 빛난 장면은 각각 무엇인지
궁금합니다.

김성수   이모개와 이성환을 만난 건 내 감독 인생의 터닝포인트라고
할 수 있죠. 14년 전에 처음 만났을 때 두 사람은 영화 만들기에 대한 열정과
탐구심으로 똘똘 뭉쳐 있었어요. 특히 이모개 촬영감독은 사물을 꿰뚫어
보는 강렬한 안광을 마구 내뿜는 사람이죠. 영화적 표현에 대하여 끊임없이

질문을 던지고, 어떤 것이든 쉽게 납득하지 못하고 고개를 갸우뚱해요. 관행적인 답변과 쉬운 접근에 대해 늘 거부감을 보였고, 뭔가 다른 길이나 아무도 가보지 않은 길을 찾으려 한다는 느낌을 받았어요. 극한의 위험이 닥쳐올 정글 속으로 들어가려고 완전무장을 한 탐험가라고나 할까.

연출자로서 그런 태도가 무섭긴 했지만,(웃음) 한편으로는 이모개 특유의 그런 무시무시함에 매혹당했다고 할 수 있죠. 그래서 그 친구의 뒤를 졸졸 따라가다 보니 어느덧 여기까지 왔다고 해도 과언이 아니에요. 그리고 빛에 대한 이성환의 강렬한 집착을 말하지 않을 수 없는데요. 고전적인 영화의 장인들처럼 이성환은 숏 하나하나, 매 장면마다 빛을 잉크로 삼아 만년필로 세밀하게 그려가는 화가이자 조명감독이죠. 이성환이 화면 속에 빛을 뿌려놓으면 놀라운 마술이 벌어집니다. 그런데 〈감기〉를 촬영하면서는 두 사람이 내게 실망한 것처럼 보였어요. 프리 프로덕션 단계에서는 새로운 시도를 호언장담했지만, 막상 촬영이 시작되자 수많은 상황과 일정에 떠밀려 어떤 장면들은 관습적으로 훑고 지나가곤 했었거든요. 그때마다 두 사람은 뭔가 아쉬운 표정을 드러내며 '이걸 이렇게 찍고 넘어가나?' 하는 제스처를 노골적으로 드러내곤 했죠. 그래서 3년 뒤 〈아수라〉를 시작하면서는 "우리 이번에는 조금 다르게 표현해 보자!"는 남다른 각오를 전달했어요. 그러자 두 사람의 눈빛이 미묘하게 달라지더라고요. 누아르의 전형성과 함께 이전과는 다른 방식으로 '악인들 간의 진짜스러운 갈등과 싸움'을 묘사하려고 숱한 회의를 거듭했죠. 어떻게 할지를 정하는 게 아니라 우리가 이 장면에선 무얼 찾아야 할까, 하는 막연한 질문만 반복하는, 어쩌면 남들 눈에는 그저 지루한 탁상공론처럼 보이는 토론을 두 사람은 유난히 좋아해요. 천상 타고난 영화쟁이가 아닐 수 없고, 연출자로서는 엄청난 복이죠.

주성철　물론 오래전부터 함께하길 기대하다가, 비로소 〈아수라〉로 만나 두 번째로 작업한 장근영 미술감독도 그 두 사람과 마찬가지의 의미를 가지고 있을 것 같습니다.

김성수　나를 포함해 이모개, 이성환, 이렇게 우리 셋이 '진정한 영화 아티스트'라고 추켜세우는 장근영은 내게 정말 구원의 빛 같은 존재죠. 그의 해석과 설계도를 거치면 모든 장면은 음습한 악의 기운으로 가득 찬 어둠의 세계로 탈바꿈해요. 장근영이 〈아수라〉의 배경인 안남시의 어느 공간을 만들면, 이모개의 카메라는 빛과 어둠 속을 배회하는 탐욕스러운 맹수들에 가까이 밀착해 움직였고, 이성환의 빛은 그들의 어슬렁거림을 간간이 비추면서 섬뜩한 이빨과 발톱을 보여줬어요. 이모개-이성환-장근영과 같이 일하는 순간처럼 내게 짜릿한 건 없어요. 나는 으르렁거리는 맹수들을 찍기 좋아하는 연출가지만, 사실은 그보다 더 전율을 일으키는 강력한 3인방과 함께 일하고 있죠. 광기에 사로잡힌 전두광이 하나회 무리 속을 휘젓고 다니는 장면을 촬영하는 이모개 감독을 뒤에서 지켜볼 때, 간혹 숨을 고르며 스윽 뒤돌아보는 순간이 있어요. 갈기를 휘날리는 사자가 하이에나를 발톱으로 꽉 붙잡고 승리의 미소를 짓는 얼굴이죠.

주성철　얘기하신 것만 들어도, 그렇게 네 사람이 모여 이전보다 더 나은 결과물을 만들어내야 한다는 강렬한 의지가 있었음이 엿보입니다.

김성수　우리 네 사람은 〈서울의 봄〉을 시작하면서 약간 들떠 있었어요. 〈감기〉와 〈아수라〉를 하면서 우리가 시도했던 방식들, 그리고 미흡했던 점을 다시 적용해서 만회할 기회였기 때문이죠. 장근영이 '욕망과 명분의 싸움'이라는 대전제를 세운 뒤 디테일을 하나씩 그려왔고, 이모개는 〈아수라〉 때보다 숫자가 무려 열 배 넘게 불어난 맹수들을 어떻게 무대에서 사실적으로 움직이도록 조련해 카메라에 담을지를 한 숏씩 구상하기 시작했고, 이성환은 1979년의 서울과 당시 군사반란으로 야기된 빛의 부재, 흔들리는 플래시 불빛과 서치라이트, 측면에서 파고드는 전조등을 '정교하게 설계된 플래티컬 라이팅'이라는 여러 개의 잉크병에 담아서 차근차근 준비했죠. 나는 현장에서 매일 아침 배우들과 리허설을 진행했어요. 전날 밤까지 수정하여 고쳐 쓴 대사들을 나눠주면서, 나는 연기자 각자에게 이 대사를 어느 순간에 누구에게 다가가면서 하고 싶은지 질문했어요. 그 뒤에서는 이모개가 촬영모드 스마트폰을 들고 응시하고 있었죠. 나와 배우들이 만드는 동선을 유심히 관찰하면서 해당 신의 첫 숏을 어떻게 시작할지부터 결정하는 거죠. 이윽고 연기자들 사이를 이모개의 카메라가 마치 물고기가 헤엄치듯 파고들면서 배우들이 뿜어대는 기운을 담아내면 '오케이' 사인은 저절로 떨어질 수밖에 없죠.

주성철　1979년 바로 그날, 서울의 밤공기를 만들어낸 장근영 미술감독에 대한 이야기를 더 보충해 주신다면요.

김성수　앞서 말한 것처럼, 장근영은 지독할 정도로 자기주장이 강한 예술가예요. 당시의 서울을 재현하려면 공기는 물론 미세먼지와 스모그 등 1979년의 서울을 감싸고 있던 '대기'를 가져와야 한다고 주장했어요. 솔직히 돌아버릴 지경이었죠.(웃음) 그런데 장근영이 어디서 구했는지

옛날 서울 사진과 뉴스 자료, 1975년부터 1983년까지 당시의 한국 영화들 영상을 찾아왔고, 12.12 군사반란 사진과 영상을 보여주면서 "그날 밤공기는 정확히 이랬습니다"라고 설명하자, 우리는 멍하니 고개를 끄덕일 수밖에 없었죠. 촬영이 시작되고 특수효과를 맡은 데몰리션과 함께 미술/소품/제작/연출부는 밤하늘에 떠다니는 흐릿한 대기를 만드느라 엄청나게 고생했어요. 덕분에 매 숏마다 1979년 12월의 밤공기가 유령처럼 떠다녔죠. 솔직히 나는 장근영의 집요함을 제어할 자신이 없는 탓에 팔짱을 끼고서 한탄하듯 중얼거릴 수밖에 없었어요. "저런다고 저게 화면에 담기냐…." 그러자 이성환이 다가와 "아주 잘 담깁니다. 나중에 보세요"라고 속삭였죠. 실제로 후반작업 최종 단계인 DI 색보정실에서 이모개가 나에게 말했어요. "장근영은 최고 중에 최곱니다. 저 미친놈 때문에 우리가 영화 하는 맛이 생기는 거죠." 참고로 이모개와 장근영은 부산에서 중학교 같은 반 출신인 친구 사이예요.

주성철 정상호 참모총장과 이태신 장군의 두 번째 만남도 인상적이었습니다. 왜냐면 사실 이때도 이태신은 결정을 하지 않은 상태일뿐더러 다시 한번 거절 의사를 밝혀요. 그러자 참모총장이 언성을 높이면서 "전두광이가 보안사령관과 합수부장을 겸직하면서, 모든 정보를 다 움켜쥐고 마치 자기 세상이 온 것처럼 날뛰고 있는데, 하나회 놈들이 수경사까지 꿰차서는 안 된다"라며 이태신의 마음을 돌리려 하죠. 그런데 이때도 이태신이 그 얘기에 감동받아 마음을 고쳐먹고 '네, 알겠습니다' 라든가 '열심히 해보겠습니다!'라는 말을 절대 하지 않아요. 그냥 다음 장면에서 그 일을 하고 있는 이태신을 보여주죠. 어쩌면 그런 모습이 어딘가,

김성수 감독이 묘사하는 남성들의 특징이 아닐까, 하는 생각이 들었어요. 김성수의 남자는 언제나 즉답을 하는 편이 아니고, 한편으로 흔쾌히 마음이 움직여서 하는 일이 아니라, 하더라도 현재 내 위치와 자격에 비춰봤을 때, 책임감과 사명감에 반드시 '해야 하는 일'이 있다는 거죠.

김성수 그 장면에서 대사가 더 있었어요. 이태신이 볼 때 존재감을 최대한 감추려고 하던 하나회가 어느 순간부터 노골적으로 몰려다니는 게 걱정되는 상황인데, 참모총장이 '당신도 눈치챘으면서 이대로 가만히 있는 게 말이 되냐'라는 식으로 화를 내는 이유도 그 때문이죠. 그에 대해 이태신이 자신의 솔직한 심경을 전달하면서 '저는 그 자리에 관심이 없습니다'라는 식으로 얘기하는 전후 대사가 빠지긴 했어요. 러닝타임을 줄여야 하는 문제도 있고, 이태신이라는 사람의 성격이 정상호와 같은 마음을 갖고 있음에도 불구하고, 지나치게 정치적인 상황 속에서 자신이 그 직책을 맡기가 부담스러운 거예요. 우리도 주변에서 유능하고 믿을 만한 동료나 친구가 평소에는 조용히 있다가, 막상 중요한 상황과 마주쳤을 때 대뜸 앞으로 나서는 모습을 보면 믿음직해 보일 때가 있죠. 우리가 태평한 세월을 만끽하고 있을 때, 누군가 위험한 미래를 내다보면서 마음의 준비도 하고 있었다면 얼마나 고마운지, 이태신이 그런 신뢰할 만한 사람처럼 보였으면 했어요.

주성철 후반부에 수경사 사령관실에서, 이태신을 보좌하는 수경사 작전참모 강동찬(남윤호)이 출동 명령을 거두었으면 좋겠다며 맞설 때, 이태신은 다음과 같이 말합니다. "내 조국이 반란군한테 무너지고 있는데!

(치밀어 오르는) 끝까지 항전하는 군인 하나 없다는 게... (울컥) 그게 군대냐?!
남들은 내 알 바 아냐. 각자 소신대로 인생 사는 거니까. 하지만, 봐라.
(명패를) 내 이름 앞에 뭐라 쓰여 있는지! 수도경비사령관이 서울을 내버려
두고 어디를 가란 거야? (철모 들고) 오늘 밤 서울은, 끝까지 우리 부대가
지킨다." 어쩌면 초반부 정상호와의 대화에서 털어놓지 못한 속마음을 뒤에
가서 털어놓는 것으로 보이기도 했습니다.

김성수 그런 긴박한 국가 위기 상황에서 아무도 저항하지 않는다면,
태신은 자기 혼자만이라도 그 역할을 해내겠다고 말하죠. 시나리오가 여러
번 다듬어지는 가운데, 단 한 번도 수정된 적 없는 대사예요. 군인의 소명을
거부하지 않는, 아니 결코 거부할 수가 없는 '군인 이태신의 세계관'을 잘
보여주기 때문에, 절대 손댈 수 없었죠.

주성철 바로 그 이태신을 연기한 정우성 배우의 캐스팅에 대해서도
여쭤보고 싶습니다. 〈비트〉, 〈무사〉, 〈아수라〉에 이어 〈서울의 봄〉에
이르기까지, 언제나 감독님의 영화에서 '죽음'을 통해 서사를 완성하고
비장미를 극대화시켰던 그가 후반부 클라이맥스에 이르러 자신의 고집을
꺾고, 다른 이들을 살리기 위해 중대한 결정을 내리는 모습이 울컥하게
만듭니다. 〈비트〉에서 뒤돌아보지 않고 질주하던 청춘의 그가 〈서울의
봄〉에서 어느덧 주변을 돌아보는 멋진 어른의 모습으로 성장한 것이죠.
이태신이 왜 정우성이어야만 했는지 궁금합니다.

김성수 오래도록 지켜본 정우성 배우는 외톨이 성향을 갖고 있어요.

그런 모습이 연기에도 반영된다고 봐요. 그 고독한 이미지가 나와의 첫 만남인 〈비트〉의 '민'에게도, 그리고 〈서울의 봄〉의 이태신에게도 발현되었다고 생각해요. 욕망에 사로잡힌 전두광과 그를 추종하는 하나회 무리의 거대한 탐욕에 맞서는 외로운 장군 한 사람! 정우성이라면 그들 앞에 우뚝 선 채로 물러서지 않는 모습을 누구보다 잘 표현하리라 믿었죠. 정우성은 역시 정우성답게 이태신의 영혼을 완성시켰다고 할까요. 나와 정우성의 오랜 인연 때문이 아니라, 그 스스로의 오랜 숙성 과정에서 자신을 단련한 힘과 끈기가 자연스럽게 그 역할의 무게를 견뎌낸 것이죠. 이태신 역에 정우성처럼 어울리는 배우를 찾을 수 있을까? 반란군에 나라가 무너지고 있을 때 관객이 끝까지 몰입하여 응원하게 만드는 인물을 정우성이 아니면 누가 맡을 수 있을까? 내 머릿속엔 정우성 말고는 없어요.

주성철 몰려다니던 하나회가 드디어 전두광 자택 사랑방에서 모였을 때, "두광이 팔을 뻗어 허공의 펜던트스위치를 탁, 전등이 꺼진다"라는 지문과 함께, 쿠데타를 걱정하는 사람들에게 "거 이왕이면 혁명이란 멋진 단어를 쓰십시오"라고 말하고, "태건도 호응하듯 다른 전등을 탁, 끈다"라고 쓰여 있습니다. 실제로 전두환과 노태우가 한 번씩 차례대로 대통령이 되면서 대한민국을 암흑기로 만들었던 것처럼, 그들이 차례대로 불을 끄는 장면이 뭔가 계산된 순서처럼 느껴졌습니다.

김성수 그럴 의도는 아니었지만 근사하게 해석해 주신 것 같아요.(웃음) 중요한 건 전두광과 노태건이 그 모임에서 확실한 결정을 봐야 하기에 '내가 요때쯤 이쪽 불을 끌 테니까 너는 바로 그쪽 불을 끄면 돼'라는 식으로 마치 사전에 조율된 행동을 하는 것처럼 보이고 싶었어요.

주성철 각본집에 흥미로운 대목이 있습니다. 바로 그 하나회의
사랑방 회동이 끝난 이후, 전두광의 비서실장 문일평(박훈)이 전두광
생일잔치에 이태신을 초대하기 위해 수경사 야포 사격장으로 찾아간
장면인데요, 지문에 "(이 순간이야말로 연기를 잘해야 하는)"이라고 표기되어
있습니다.

김성수 원래 그 대화는 사무실에서 나누는 거였어요. 내가 그린
콘티에서는 문일평이 사무실 안에서 테이블 앞의 이태신을 마주 보고
얘기하는 장면이었죠. 그런데 문일평 입장에서는 능숙하게 이태신을 속이는
연기를 해야 하니까 그런 지문이 들어간 거예요. 나중에 촬영 장소가 야외로
바뀌었는데도 실내 대화를 목표로 했던 그 흔적이 마지막까지 시나리오에
남은 것 같아요. 짧은 순간이지만 지문 그대로 박훈 배우가 워낙 연기를
잘해줘서 잘 살았어요.

주성철 앞선 질문처럼 사소한 것일 수도 있는데, 정상호 참모총장의
호출로 전두광이 의아해하며 육군본부 참모총장실로 찾아가는 장면이
있습니다. 하나회의 작전 정보가 들통난 것이 아닐까 걱정하며 갔지만,
김동규 부장의 공판에 온 국민의 관심이 집중될 텐데 "김 부장이 최후
진술에서 용공분자를 경계하자는 얘길 좀 해주면 어떨까 하는데"라는
의견을 전달하는 내용이었고, 전두광은 예정대로 작전을 진행해야겠다고
마음먹게 되죠. 그리고 떠나는 전두광을 향해 "암튼 마무리 잘 부탁하네.

유종의 미를 거둬야지"라고 얘기하는 대사에서 "유종의 미를 거둬야지"라는
끝 문장이 빠졌습니다. 이번 각본집은 완성된 영화와 사실상 완전히 똑같은
것이나 마찬가지인데, 이런 식으로 문장 자체가 통째로 빠진 경우가 가끔
있어서, 그 의도가 궁금했습니다.

　　김성수　그런 장면들도 안 찍은 게 아니라, 찍어놓고 편집했다고
보는 것이 맞아요. 촬영이 끝나고 후반작업을 하면서 영화가 너무 길다고
난리가 났어요.(웃음) 최종 러닝타임이 141분인데, 크레디트 등을 빼고
영화 내용만 보면 2시간 16분이에요. 그런데 김상범 편집감독과 내가
합의한 최종 편집본으로 2시간 21분 정도가 나와서, 제작사에서 10분
정도만 줄이면 좋겠다고 했어요. 10분이면 여기저기서 조금씩 편집한다고
해결될 문제가 아니라 특정 신이 날아가야 하죠. 하지만 나는 버리고 싶은
신이 하나도 없었어요. 그래서 진짜 배우들의 호흡과 시선 처리와 짤막한
문장들만 짧은 손톱을 또 자르듯이 걷어냈고, 그렇게 5분이 줄어든 게 2시간
16분이었죠. 거기서 6분을 더 편집해야 하는데 '그냥 배 째, 나 더 이상 못
해!' 그랬어요.(웃음) 제작사에다가 "솔직히 141분은 너무 길다. 나 같아도
2시간 20분 넘는 영화는 극장에 안 보러 갈 것 같다. 그런데 정말 때려죽여도
여기서 더는 못 자르겠다"고 드러누운 거죠. 그처럼 러닝타임을 어떻게든
줄이려고 초 단위보다 작은 프레임 숫자를 얇게 베어내듯 숏과 숏의 빈틈을
파고드는 전쟁의 연속이었어요.

　　주성철　말씀하신 부분에 공감이 가는 이유는, 〈서울의 봄〉은
참모총장 강제 연행 이후부터 삼청동 국무총리 집무실, 국무총리 공관, 필동

수경사 상황실, 연희동 요정, 삼각지 육군본부 B2 벙커, 30경비단 정보실,
그리고 각 부대의 사무실과 경비실 등 장소의 이동이 굉장히 빈번해요.
마치 쓰는 작가도 헛갈리지 않을까 싶을 정도로 이처럼 장소 이동이
많은 시나리오를 오랜만에 본다고나 할까요. 후반 편집 과정에서 얼마나
힘들었을까 싶습니다.

김성수 갑자기 가슴이 아려오네요.(웃음) 왜냐하면 시나리오는
재밌게 봤다는 반응이 정말 많았는데, 12월 12일을 둘러싸고 거의
실시간으로 펼쳐지는 이야기이다 보니 이 영화를 가지고 세일즈를 해야 하는
분들이 보기에는 '정확하게 무슨 이야기인지 모르겠다', '나오는 사람들이
많아서 누가 누군지 모르겠다', '장소의 이동이 너무 많다'는 얘기들이 꽤
있었죠. 게다가 2차 세계대전을 그린 전쟁영화는 독일군과 미군의 군복이
달라서 복잡한 이야기라도 피아(彼我) 식별이 명쾌해서 따라가기가 어렵지
않아요. 그런데 〈서울의 봄〉은 심지어 같은 군복을 입은, 같은 부대 소속의
사람들끼리 싸운 실화잖아요. 나중에 개봉했을 때, 여성 관객이 이야기에
몰입하기 쉽지 않을 거란 지적을 계속 전달받은 이유도 그 때문이죠.
개봉하기 직전까지 가장 큰 스트레스였어요. 그래서 최대한 자막도 많이
쓰는 등 할 수 있는 노력은 다 했죠. 개봉하는 날에도 나는 걱정하고 또
걱정했어요. 복잡하고, 어렵고, 헛갈리기 때문에 이 영화는 결국 외면받을
것이라는 강박에 짓눌려 있었다고 해야 하나. 그러니 나중에 〈서울의 봄〉이
흥행하는 동안에도 그 현실이 믿겨지지 않았죠. 이 사람들 왜 보러 오는
거지? 뭐라고 명쾌하게 설명하기 힘든 관객의 열렬한 지지를 받으면서, 나는
마음속으로 관객에게 감사하고 또 감사했어요.

주성철　금방 얘기하신 그런 우려를 상쇄한 이 영화의 중요한 재미라면, 말 그대로 '시간 가는 줄 모르는' 몰입감과 속도감이라고 생각합니다. 그 지점이 여러 약점들을 넘어 12.12 군사반란이라고 하는 역사적 사건에 익숙하지 않은 젊은 관객과 소통할 수 있는 중요한 요인이 된 것 같아요. 그런 부분에 대해서는 시나리오의 치밀한 구성에 대해 언급하지 않을 수 없죠.

김성수　시나리오와 별개로 내가 이 역사적 사건을 잘 알고 있으니까 항상 느꼈던 건, 하룻밤 사이에 정말 많은 일이 동시다발적으로 벌어졌다는 점이에요. 아무리 스릴러나 전쟁영화를 잘 쓰는 시나리오 작가라도 절대로 이렇게 쓸 수가 없는 하룻밤의 혼돈이자 생생한 기록이죠. 모든 상황이 꼬리에 꼬리를 물면서 연쇄적으로 엮여 있어요. 시간과 공간을 명쾌하게 선정하면서 순차적으로 나아가는 것이 시나리오의 기본적인 작법인데, 〈서울의 봄〉은 참모총장 정상호가 납치되는 순간부터 마치 문어발처럼 쫙 퍼져나가면서 이곳저곳에서 여러 상황이 꼬이고 뒤엉켜요. 나는 그 하룻밤의 상황이 너무 복잡하고 참으로 기기묘묘해서, 이건 정말 그 어떤 작가도 쓰지 못하는 최고의 흥미진진한 시나리오가 될 것이라는 확신이 들었어요. 그래서 처음 작업을 시작할 때 제작사인 하이브미디어코프의 김원국 대표에게 이런 얘기를 했죠. 관객이 이 영화의 소재에 어느 정도 관심을 갖고 극장에 들어올지 모르겠으나, 일단 참모총장이 납치되는 그 첫 번째 총성이 탕 울리는 순간부터 마지막까지, 그러니까 이태신 장군이 출동할 수밖에 없는 상황까지 가는 동안, 정말 관객이 숨 쉴 겨를도 없이 그냥 한 호흡으로 달려가도록 만들 자신이 있다고요.

주성철　그를 위한 영화의 구체적인 전략으로 들어가 보자면, 마치 현재의 영화처럼 통신장비들을 활용하는 것이 눈에 띕니다. 어쩌면 그것이 1970년대를 배경으로 삼은 〈서울의 봄〉을 마치 '요즘 영화'처럼 느껴지게 만드는 중요한 요소죠. 가령 1979년이라는 시대를 배경으로 삼고 있지만, 군대 내에서는 통신장비들이 잘 되어 있어서 인물들 간에, 그리고 부대 간에, 심지어 달리는 차량 안에서도 마치 현대 스릴러 영화에서 핸드폰을 사용하는 것처럼 긴장감을 만들어내고 있어요. 바로 그 지점이 영화 속 시대 배경과 현재의 젊은 관객 사이의, 거의 반세기에 육박하는 시차를 해소해 주는 중요한 매개로 작동한 것 같아요.

김성수　말씀하신 그 지점이 바로 이 영화의 중요한 출구 혹은 유일한 솔루션이었어요. 그래서 군사 자문을 해주신 업체 에코나이너로부터 어디서 어디까지 통신이 가능한지, 그리고 차량 이동 시의 무선통신에 대한 자문을 집중적으로 받았죠. 무전이 닿을 수 없는 거리여도 거의 전시 상황에서나 쓸 법한 증폭기를 차량 안에 설치하면 통신이 가능하더라고요. 이태신이라면 워낙 철두철미한 인물이라 차량에 그런 장비를 세팅하고 이동했을 수도 있을 거란 생각에, 지프차 뒤에 군인 한 명만 앉을 수 있더라도 그런 증폭기를 만들어서 넣고 안테나를 길게 뽑았어요. 고증의 개연성을 어느 정도 확보하게 되면, 감독 입장에서는 영화적인 상상력을 보다 자신감 있게 펼칠 수 있는 바탕이 되죠. 통신장비 설정으로 양쪽 진영 내부와 상대방 간에 연락이 자유롭게 표현되자, 요즘 스마트폰처럼 실시간으로 긴박하게 연락을 주고받는 장면묘사가 어느 정도 가능해졌어요. 통신뿐만 아니라 공간 이동과 차량 설정에서도 고민거리가 많았는데요, 고지식한 관점에서는

1979년의 군대라는 배경을 가진 영화여서 시대적 공간과 군사용 장비 등 모든 게 이미 정해져 있었기에, 영화미술적 상상력을 발휘하기 위한 어느 정도의 숨통이 필요했죠. 먼저 자문을 얻어 사실적 토대를 찾아내고, 그 범주 안에서 무언가 새로운 돌파구를 찾으려고 엄청나게 노력한 영화라고 감히 말씀드리고 싶어요.

주성철 이제 캐릭터로 들어가자면, 이태신이 아무리 점잖고 빈틈 없어 보이는 인물이어도, 급박하게 돌아가는 상황 안에서 '우리와 똑같은 인간'이라는 부분이 드러날 것 같았습니다. 확실하게 감정 이입을 하게끔 만드는 것도 중요하니까요. 그런 점에서 가장 인상적인 장면은 그 '늑대 무리'와 통화를 하다가 분노가 폭발하는 장면이었어요. 1군단장 한영구(안내상)와 첫 통화를 할 때는 '형님'이라고 부르다가 또 다른 형님인 군수차관보 배송학(염동헌)과 얘기를 나누면서는 평정심을 잃고 "야 이 뇌가 썩어빠진 인간아! 니덜이 나라를 걱정해서 군사반란질을 하구 처자빠졌어!"라며 평소 그가 쓰지 않을 것 같은 말들을 막 쏟아내죠. 그래서 배송학에게 "이게 우아래도 없네"라는 말까지 듣습니다. 그리고 이어서 "니들 거기 다 꼼짝 말고 고대로 있어. 내가 탱크 몰고 밀고 들어가서 니들 대가리를 뭉개버릴 테니까!"라고 호통치며, 하나의 신 안에서 이태신의 감정 변화가 그대로 드러나는데요, 지문도 "태신은 지켜보는 부하들에게도 자신의 각오를 밝힌 셈이다"라고 상황을 정리하는 내용으로 쓰여 있습니다. 한편으로는 굉장히 편집이 타이트한 이 영화에서 배우 정우성의 격정적인 롱테이크 연기를 본 것 같은 장면이에요.

김성수 과거 2005년에 방영된 MBC 드라마 〈제5공화국〉에서, 김기현 배우가 이태신의 실존 인물이라고 할 수 있는 장태완 장군을 정말 멋지게 연기하셨죠. 그 격정적인 통화 신도 기억에 남는데, 실제 그 통화기록도 장태완 장군의 음성으로 남아 있어요. 드라마 역시 그 통화기록을 토대로 만들어지다 보니 〈서울의 봄〉도 달리 비켜 갈 방법은 없었죠. 김기현 배우는 실제 인물 장태완 장군처럼 울화통이 터지는 상황에서 다혈질의 황소처럼 달려들 듯 소리쳐요. 반면 〈서울의 봄〉의 이태신은 최대한 감정을 절제해서 얘기를 시작하지만, 반란군의 적반하장을 접하면서 자기도 모르게 주체할 수 없는 지경으로 치받아 올라 호통을 내지르죠. 일대일로 통화하는 줄 알았는데 30경비단의 하나회 무리가 전부 몰려 있어서, 마치 이태신을 전화로 에워싼 형국이라 일대 다수의 싸움처럼 보여요. 수경사령관실에서 통화하는 이태신 뒤로도 부하들이 잔뜩 몰려와 있어서, 이태신 혼자만의 성난 감정이 아니라 이후 반란군과 정면승부를 하게 됨을 수경사 부대원 모두가 자연스럽게 알게 되는 장면이죠.

주성철 하나회 내에서도 전두광과 노태건은 12.12 군사반란을 둘러싼 욕망의 이해관계를 넘어선, 굉장히 특별한 친구 관계였죠. 그리고 하나회의 작전이 내부적으로도 여러 우려와 반대에 부딪히며 위기를 겪을 때쯤, 경복궁 30경비단 복도에서 전두광이 노태건에게 '겁쟁이 새끼'라며 섭섭함을 표하며, 처음으로 약한 모습으로 도와달라고 해요. "그라니까 이 씨발눔아 이럴 때 쪼메만 도와됴~"라고 시나리오에 물결 표시도 되어 있어 무척 흥미로웠습니다.(웃음)

김성수   둘만 있으면 고향 사투리로 허물없이 욕도 주고받는 친밀한
관계를 표현하려 했어요. 의리 하나 믿고 목숨을 건 쿠데타를 감행한 거
아니냐며 서로 결사항전의 의지를 드러내는 거죠. 시나리오 집필 단계에서
경상도 출신인 이모개-이성환-장근영의 감수를 받았는데, 세 사람 모두
시나리오 필력이 놀라운 능력자들이라, 이런 상황이라면 정감 있게 '쪼메만
도와도'라고 했을 거라길래 그대로 쓴 겁니다.(웃음) 실제 전두환은 경남 합천,
노태우는 대구 출신이고 황정민과 박해준은 각각 마산과 부산 출신입니다.
경북과 경남, 마산과 부산 사투리가 미묘하게 다르긴 하지만, 두 배우 역시
그런 뉘앙스의 경상도 사투리를 쓰는 게 맞다고 했습니다.

주성철   필동 수경사 상황실과 30사단장 사령관실의 모상돈
사단장(박정학)과의 통화 장면에, 30경비단 정보실의 문일평이 감청하며
가운데 끼어들어 3개의 분할 화면이 만들어질 때 긴박감이 최고조에
이릅니다. 나중에는 분할 화면이 5개까지 만들어지기도 하는데요, 영화 속
공간들이 여러 곳이기에 굉장히 훌륭한 아이디어였다고 생각됩니다. 바로 그
분할 화면의 활용에 대해 묻고 싶습니다.

김성수   〈서울의 봄〉은 하룻밤 동안 여러 공간에서 사건들이
동시다발적으로 벌어졌어요. 동일 시간대에 여러 상황을 층층이 나열하면
영화가 지루해질 것 같아서 각각의 시간과 공간을 통합하고, 피아를
구분하기 쉬운 '분할 화면 기법'을 처음부터 염두에 뒀습니다. 두 사람 간의
대화를 감청하는 얼굴이 화면 중간에 끼어들면 직관적으로 전후 관계를
파악하게 되죠. 디자인 요소가 가미된 분할 화면 형식이 〈서울의 봄〉이

추구하는 다큐 형식이나 경험적 서사와 충돌하진 않을까, 고민하긴 했는데 하나회가 마구잡이로 연락하는 어지러운 상황을 보여주려면 분할 화면만 한 게 없었어요. 지나치게 남발하지 않고 적재적소에 사용하면 관객의 이해를 돕는 큰 역할을 할 거 같았습니다.

주성철 〈서울의 봄〉은 2023년에 만들어진 영화지만 1970년대를 배경으로 하고 있고, 감독님은 1990년대부터 활동을 시작한 영화감독이죠. 그리고 그런 분할 화면은 브라이언 드 팔마 감독이 〈시스터즈〉(1972), 〈캐리〉(1976), 〈더 퓨리〉(1978), 〈드레스트 투 킬〉(1980) 등 1970년대 영화에서 잘 활용했던 방식이기도 합니다. 그래서 어쩌면 현재의 감독이 1970년대를 배경으로 한 영화를 만들면, 마치 영화적으로 가장 좋아했던 시기인 아메리카 뉴시네마의 1970년대로 걸어 들어가 영화를 만드는 것 같은 느낌을 줄 수 있을 것 같다는 생각도 들었죠. 〈서울의 봄〉의 감청 장면을 보면서 프란시스 포드 코폴라의 〈컨버세이션〉(1974)의 감청 장면이 떠오른 것도 그런 이유 때문일 겁니다. 즉, 김성수 감독이 왜 이전에 전혀 시도하지 않았던 이런 역사적 소재에 관심이 생겼을까, 하는 질문보다 더 중요한 건, 바로 그 시대가 배경인 〈서울의 봄〉을 통해 감독님이 마치 타임머신을 타고 1970년대로 가서 활동하는 영화감독이 될 수도 있겠다는 상상이었습니다.

김성수 우리 영화의 가장 큰 목표는 관객을 그날의 그 혼란스러운 현장 한복판에 던져놓는 거였어요. 직접 상황을 생생하게 목격하면서 '아, 이렇게 될 수밖에 없었구나' 하고 관객을 동참시키는 게 연출의

목표였으니까요. 70년대 분위기를 환기시키려고 60~70년대에 유행한
촬영 스타일을 시도하긴 했죠. 가령 '세한도'에서 모티브를 얻어 촬영했다고
말씀드린 참모총장 공관 정원에서 정상호와 이태신의 대화 장면은,
마이크 니콜스의 〈졸업〉(1967)처럼 망원렌즈로 인물을 팔로우하거나
줌아웃하는 카메라 워크를 썼는데 최종 편집에서 몇 컷 남지는 않았습니다.
그 외에도 스티브 매퀸의 〈블리트〉(1968), 제임스 코번의 〈전격 프린트
고고 작전〉(1966), 로버트 본의 〈0011 나폴레옹 솔로〉(1968)처럼 인물들의
움직임을 카메라가 팔로우하면서 공간을 훑어가는, 그 시절 장르영화의
느낌을 내려고도 했죠. 우리 영화의 핵심은 실제 상황 속 인물들에 밀착한
카메라가 함께 움직이듯 흔들리는 느낌을 전달하는 것이었어요. 그런데
카메라가 주도적으로 패닝/줌인을 반복하면 왠지 전지적 연출자 시점이
개입하는 것 같아서 현장의 생동감을 해칠 수도 있다고 봤지요. 숙소에
들어가 현장편집자(정원준)와 같이 새벽까지 편집을 이리저리 해보곤
했는데, 인물이 처한 현실감을 옆에서 체험하고 목격하는, 이를테면 손에
쥔 폰카로 촬영하는 느낌을 주고 싶었는데, 옛날 방식의 카메라 워크와
무언가 편집적으로 충돌한다는 걸 깨달았습니다. 그럼에도 달리는 자동차를
카메라가 패닝으로 따라가는 경우엔 과거 장르영화의 패닝+주밍(zooming)
팔로우를 섞어 썼습니다. 제가 좋아한 고전 영화들에 대한 오마주가
먼저였던 건 아니지만, '70년대스러운 카메라 워크'를 혼용한 것에 대해
편집장님이 언급해 줘서 진심으로 감사합니다.

주성철 말씀하신 카메라 워크에 더해, 그때 그 시절을 보여주기
위한 시대적 질감과 색채에 대한 고민도 컸을 것 같습니다. 디지털 시대의

필름룩이라고나 할까요.

김성수 이모개 촬영감독이 디지털색보정을 맡은 DI 스튜디오의
박진영 이사에게 제시한 사진집이 있습니다. 그 사진들이 우리 영화
색보정의 기초가 되었어요. 70년대 사진의 질감, 암부와 명부의 경계에서
색상들이 뭉개져서 농도가 짙어지는 필름룩을 만들어내려고 두 사람이
정말 많은 노력을 기울였어요. 어쩌면 1979년을 재현하는 것이 과거로
사라져 버린 70년대를 영화 속으로 소환하는 즐거움이었을 겁니다. 이건
좀 다른 얘기인데, 영화 초반에 "18년간 집권한 절대권력이 사라졌다"는
자막과 함께 〈서울의 봄〉 타이틀이 뜰 때까지, 박정희 대통령의 장례식 기록
영상이 쭉 흐릅니다. 그중에 화질이나 구도가 좋았던 숏들이 있었는데, 당시
대한민국에서 가장 잘나가는 영화감독과 촬영감독이 총동원되어 35밀리와
16밀리 카메라로 장례식을 기록했다고 합니다. 기록 영상 중간에 전두광과
이태신이 보이는 앵글을 집어넣었는데, 마치 당대 최고 선배 영화인들과
협업하는 것 같은 뿌듯한 기분이었죠. 이어지는 전두광 합수부장의 '시해
사건 수사 발표'도 당시 기록 영상을 토대로 비슷하게 촬영한 건데, 본격적인
서사가 시작되기 전까지 예전처럼 '35밀리 필름'으로 찍는 야심찬 계획을
세우기도 했습니다.(웃음) 이용수 PD가 '참 좋은 아이디어군요' 하면서 쏩쓸한
미소를 짓더군요. 필름 작업에 필요한 경비와 과정을 세세히 알아보더니,
35밀리 필름 촬영을 시도할 순 있지만, 비용을 떠나서 필름 로딩이라든지
현장 보조작업을 해줄 인력을 구할 수 없다면서, 이용수 PD가 안타까운
표정(연기?)을 지었습니다. 필름 시대의 베테랑 촬영감독을 섭외하여 조수로
쓸 수도 없는 노릇이고, 암튼 스태프 구성 자체가 어렵다는 걸 알고서

이모개와 저는 깨끗이 포기했습니다. 그리고 기록 영상 중 엄청난 인파가 밀려오는 화면 위에 '서울의 봄' 제목을 띄웠는데, 장례식을 구경 나온 군중 숏에 왠지 마음이 끌렸지요. 개미 떼처럼 몰려오는 인간군상 숏이 정확히 1979년으로 보였기 때문입니다. 조금 앞선 70년대 초중반도 아니고 다음 시기인 80년대도 아닌 바로 딱 그 시대의 사람들이었습니다. 한 명 한 명 똑바로 보이지 않고 덩어리져서 걸어오는데, 그 숏 자체가 그 시대 속으로 저를 확 끌어당기는 느낌이었어요. 그 숏을 보면 볼수록 어설프게 1979년을 재연하느니 차라리 그만두는 게 낫다고 생각했습니다. 당시 수사 발표를 하는 전두광의 모습은 TV 생중계로 온 국민의 관심을 집중시켰습니다. 촬영 직전까지 시나리오에는 '기자회견을 시청하는 서울 시민의 다양한 몽타주'로 표기되어 있었죠. 일반적으로 그런 장면에서는 예외 없이 서울역 대합실에서 TV를 보는 시민들, 어느 집 거실에서 시청하는 가족, 거리의 전파상 앞에 모인 행인들이 묘사됩니다. 하지만 기록 영상의 장례식 인파처럼 그럴듯하게 찍을 자신이 없었어요. 드라마나 영화에서 어설프게 흉내 내는 재연 장면을 무수히 보아왔기에, 나 역시도 기껏해야 그런 수준의 숏을 만들 수밖에 없다는 걸 알았습니다. 그래서 'TV를 시청하는 시민들 몽타주' 장면을 안 찍기로 한 겁니다. 이용수 PD가 제 결심을 듣고 가장 좋아했어요.(웃음) 물론 '돈이 들어도 그런 장면이 있어야죠' 하는 스태프도 있었죠. 시대극을 연출하는 감독은 자신이 찍는 장면이 특정 시기에 존재했을 법한 풍경이라는 걸 관객에게 납득시켜야 합니다. 최대한 진짜처럼 보여주지 못하면 이야기의 핍진성도 사라져 버림을 잘 압니다. 엉성한 시대 공간을 세트로 만든 다음 보조출연자들에게 낡은 의상과 헤어스타일을 장착시키고, 낡은 텔레비전 수상기 앞에서 웅성거리는 걸 연출하기란 쉬운

듯 보이지만 정말 어려운 과제입니다. 이미 가짜임을 알고 있는 관객에게 눈 가리고 아웅하듯 '자~ 여기는 그 시절 그때입니다!'라고 적당히 얼버무리는 숏을 남발하면 관객은 피식거리며 영화를 얕보게 됩니다. 역사의 그날을 가급적 진짜처럼 체험시키겠다는 목적을 세운 〈서울의 봄〉이라는 영화가, 굳이 필요치 않은 장면묘사에 공력을 낭비하지 않기로 한 거죠.

주성철 이후 긴박한 가운데 여러 인상적인 국면들이 있는데, 도희철(최병모)이 2공수 여단을 찾아가서 정문을 가로막고 이 대령에게 "빨리 차 돌리라"고 하면서, 웃지도 않은 사람에게 "웃어?"라고 하며 권총을 꺼내 이 대령 손에 강제로 쥐여주고, 바로 좀 전에 자기가 전두광에게 당한 장면을 그대로 재연하는 부분이 흥미로웠습니다. 앞서 전두광도 도희철에게 "웃어?"라고 하며 권총을 도희철 손에 쥐여줬죠. 그리고 시나리오에도 "희철은 두광을 흉내 낸다"라고 써 있습니다. 전두광과 도희철 둘 다 똑같이 "(자기 가슴팍에 총구를) 여따가 팍 쏴삐라!"라고 하죠. 이런 서로 다른 인물에게 똑같은 반복이 필요했던 이유는 무엇일까요.

김성수 지적하신 부분은 소소한 묘사임에도 저에겐 중요한 장면 중 하나입니다. 90년대 중반쯤 12.12 군사반란의 실체를 《월간중앙》인가 《월간조선》인가 두꺼운 시사잡지로 처음 접했을 때 느꼈던 건, 밤새도록 우왕좌왕하면서 쿠데타가 그야말로 힘겹게 성공했구나, 하는 거였습니다. 시간대별로 계획적으로 일이 착착 진행된 게 아니었죠. 장군들 대부분은 한겨울 밤을 꼬박 지새우며 그들의 운명이 걸린 눈치싸움을 하다가 결국엔 반란군 쪽 손을 들어준 것으로 보였습니다. '대세 추종주의'가 군사반란의

진정한 승리자였던 겁니다. 그래서 더욱 화가 났어요. 서른 중반이던 나는
너무 억울하고 분해서 며칠간 잠을 설쳤습니다. 책임감이라곤 눈곱만큼도
없는 '똥별'들 덕분에 대한민국 역사가 거꾸로 역류하고 말았으니까요.
그런데 제가 나이를 먹고 나서 보니까, 인간이란 애당초 선과 악을 분명하게
정하지 못하는 동물이란 걸 알았습니다. '욕망'이 인간에게 손을 쑥 내밀면,
'명분'은 발밑으로 툭 떨어지게 마련이죠. 욕망 앞에선 옳고 그름을 따질
필요가 없어요. 왜냐하면 '욕망'은 이 세상 그 무엇보다 설득력이 강하니까요.
1979년 그날 밤도 펄펄 끓는 욕망의 화신이 등장하여 장군님들 심지에 불을
착 붙여주니까 다들 굽신굽신 탐욕의 손을 붙잡고 따라간 겁니다.

주성철 "저 안에 있는 인간들, 떡고물이라도 떨어질까 봐 그거
먹으라고 있는 거거든"이라는 전두광의 대사가 그대로 겹치는 얘기입니다.

김성수 맞습니다. 2공수를 출동하는 결정으로 반란군의 승리를
이끈 도희철의 무용담을 꼭 '재연'하고 싶었습니다. 초고에서는 '전두광이
읍소하듯 후배 도희철 앞에서 악어의 눈물을 흘리며 설득한다' 정도였어요.
12.12 군사반란 당시 하나회 집단 내부에서 힘과 설득의 논리가 어떤
식으로 작동되었는지는 그들 외에 아무도 모릅니다. 남겨진 내부 기록이
아예 없으니까요. 전두광과 노태건은 절친 사이라 '내 쪼메만 도와도'
식으로 정서에 호소했겠지만, 하나회 동생들한테는 노골적인 가스라이팅이
작동하지 않았을까 상상했습니다. 마치 깡패 두목이 무섭게 겁박하며 직계
후배의 손에 칼을 쥐여주면 그 친구는 또 밑에 동생의 손에 똑같이 칼을
쥐여주고 상대를 찌르게 하는 거죠. 무서운 선배를 두려워하던 깡패는

종국엔 그 선배처럼 되려고 기를 쓰는 것과 같은 맥락입니다. 무력으로
작동하는 세력, 혹은 조직 논리가 강한 집단은 그렇게 우두머리의 완력과
공포정치에 점차 감염될 수밖에 없고, 잘 배워둔 공포심을 이용하여
조직을 움직이는 겁니다. 편집할 때 러닝타임을 줄이기 위해 투자배급사와
제작사에서 빼거나 줄여도 괜찮을 신 리스트를 보내줬어요. '국방장관
가족이 도망치는 장면', '부인과 만나는 이태신', '마지막에 부인과 통화하는
장면' 그리고 '바로 그 도희철이 두광을 흉내 내는 장면' 등이었는데요.
하지만 폭력적인 아버지를 평생 증오하다 보면 어느새 자신도 똑같이
아버지를 따라 하는 것처럼, 수컷들이 폭력의 되물림을 통해 연대 의식을
강화하는 그 신을 빼고 싶지 않았습니다. "인간이라는 동물은 안 있나.
강력한 누군가가 자기를 리드해 주길 바란다니까"라는 전두광의 대사처럼
그는 무력을 서슴없이 휘두르는 자기 자신을 합리화시키려 했어요. 어쩌면
지금 여기도 그와 같은 '전근대적인 조직의 작동법'을 신봉하는 자들이 우리
사회 상층부를 장악하고 있을지 모릅니다.

주성철 이태신과 전두광의 팽팽한 대립이 조금씩 기울어갈 때쯤,
즉 국방부 B2 본부까지 넘어간 상황에서 이태신은 아내와 통화하고 수경사
작전참모 강동찬과도 대화를 나누죠. 그때 강동찬이 "사령관님께선 할 만큼
다 하셨다고 생각합니다"라는 말이 귀에 박혔습니다.

김성수 2019년 9월경 김원국 대표가 내게 보내준 첫 번째
시나리오에는 "장군님의 원통함을 풀기 위해 부하들을 희생할 순 없습니다.
포기하십쇼. 어느 모로 봐도 승산이 없습니다"라는 수경사 참모의 대사가

있었어요. 당시 참모들은 진짜로 이와 비슷한 맥락의 말을 했을 겁니다. 수경사령관이 반란군과 충돌했다면 그로 인해 엄청난 대가를 치렀을 테니까요. 영화 촬영장에서도 누군가 '감독님, 할 만큼 한 거 같습니다'라던가 '이 정도면 오케이인데요. 더 좋은 장면은 안 나올 것 같습니다'라고 제게 말할 때가 있어요. 그런 말을 들으면 저는 숏의 완성도를 향한 '나 자신의 의지'가 어느 정도 남았는지 스스로에게 묻습니다. '할 만큼 했나?'라는 표현이 이태신의 속을 마구 흔들었을 겁니다. '난 사령관으로서 진짜 할 만큼 했나', '더 할 수 있지 않을까', '왜 참모는 저런 식으로 얘기하지?' 자신의 한계를 뼈아프게 건드리는 '할 만큼'이란 단어가 호승심보다는 이태신의 자긍심에 상처를 냈을 겁니다.

주성철 〈서울의 봄〉에서 가장 멋진 장면을 꼽으라면, 마치 세상에 홀로 존재하는 것 같은 이태신 장군의 모습입니다. 행주대교를 홀로 막아서는 모습과 더불어 시나리오에서 144번 신 "#144. 몽타주 : 패자 VS 승자"라고 표현된 장면인데요, 이태신이 전두광을 향해 바리케이드를 넘기 시작합니다. 시나리오에는 "아... 적막하다. 세상 한복판에 이태신 혼자서 반란군 두목 전두광에 맞서는 중이다"라고 써 있죠. 그렇게 전두광에게 다가간 이태신은 "너는 대한민국 군인으로도 인간으로도 자격이 없어"라고 얘기합니다. 어쩌면 그것은 당시 이태신이 한 얘기라기보다는, 바로 지금의 김성수 감독과 관객이, 영화 속 시간으로는 아직은 벌어지지 않은 비극인 5.18 민주화운동의 기억을 더해, 죽는 날까지 사과하지 않고 떠난 실제 전두환에게 할 수 있는 말이기도 하죠. 말하자면 관객이 마치 타임슬립을 해서 그날 그때로 가 전두광에게 해주고 싶은 말을 이태신이 대신 해주는 느낌이라고 할까요.

김성수 정확히 그런 의도로 쓴 건 맞습니다. 주변 스태프도 '구어가 아니고 문어체다'라던가 '그냥 감독님 마음이 지나치게 담긴 것 아니냐'라고 노골적으로 반대하는 편이었죠.(웃음) 하지만 계속 그 대사를 고집했어요. 전두광 앞으로 다가간 이태신의 마지막 행동과 대사에 대해서는 여러 의견이 쏟아졌습니다. 그만큼 제가 쓴 대사가 인기 없었던 거죠. 그 장면 촬영이 있기 며칠 전에 정우성 씨가 "저는 이 대사가 좋습니다. 이렇게 할게요"라고 얘기해 줘서 최종적으로 확정되었지요. 제가 〈서울의 봄〉을 연출하기로 마음먹은 맨 초반에, 시나리오 끝부분 대치 장면에서 이태신이 전두광을 향해 이런 내용을 말했으면 좋겠다고 메모를 해뒀습니다. "너는 군인으로도, 인간으로도 자격이 없다"라고 끄적인 첫 메모가 그대로 대사가 된 셈이죠. 2년의 준비 기간 동안 낙서 같은 메모를 훌륭한 대사로 발전시키지 못한 책임은 제게 있습니다. 하지만 관객의 영화적 몰입을 망치는 '소위 확 깨는' 대사였을지언정 반드시 사용하고 싶었고, 지금도 같은 생각입니다. 바로 그 바리케이드 장면에서 감독이 개입하지 말아야 하는 어떤 선을 넘었다는 지적에도 동의합니다. 하지만 '때로는 선을 넘는 연출'도 연출의 일부입니다. 아무도 그때 그에게 그런 말을 감히 못 했을 겁니다. 누가 했다고 쳐도 콧방귀도 안 뀌었을 인간이지만, 그럼에도 그 순간으로 돌아가 그자를 향해 던지고 싶은 말입니다. 45년 전 그날 밤부터 지금 이 순간까지 아니 앞으로도 영원무궁토록, 이태신의 입을 빌려 그자의 군인 경력과 전 생애를 송두리째 부정한다고 꼭 말해줘야 했어요. 물론 역사를 바꿀 수 없고 시간도 되돌릴 수 없지요. 영화 속에서나마 쿠데타의 승리를 움켜쥐려는 바로 그 순간의 그자

앞에서 '넌 형편없는 인간이고, 이 일로 인하여 영원히 멸시받을 거야!'라고
그 인간의 영혼에 영원히 지워지지 않을 스크래치를 내고 싶었습니다.

주성철 감독이 아무리 고집을 부린다 해도 사라질 운명이었을지
모를 그 대사를, 정우성이라는 배우가 하니까 살아남을 수 있지 않았을까
하는 생각도 듭니다. 가령 정우성 주연 영화 〈증인〉(2019)에서 유일한
목격자인 자폐 소녀 지우(김향기)가 카메라를 정면으로 바라보며 "당신은
좋은 사람입니까?"라고 물을 때, 그걸 받아낼 수 있는 배우가 과연 몇이나
될까, 하는 생각이 드는 거죠. 마찬가지로 〈서울의 봄〉에서도 그 대사는
현실에서도 훌륭한 한 명의 국민이자 인간인 정우성 배우이기에 존재할 수
있다는 생각이 든다고나 할까요. 감독님이 얘기한 것처럼 서사의 균질한
흐름을 깨는 연출의 모험을 가능하게 만들어준 대단한 배우라고 생각됩니다.

김성수 그 대사를 내내 지적당하더니 지금까지도 이 곤욕을
치르네요.(웃음) 정우성이란 훌륭한 인간이자 바른 이미지의 배우가 그런
말을 하니까 뭔가 더 그럴듯해지는 맥락이 생겼다고 봅니다. 역시 영화는
캐스팅이 가장 중요하지 않나 싶네요.(웃음) 여하튼 정우성을 쏙 빼닮은(?)
이태신 장군이 바리케이드를 넘고 넘어가 딱 마주쳤을 때 했던 그 말 때문에
전두광은 뭔가 찜찜해졌고, 혼자 지프차에서 내려 돌담길을 걸어갔고
하나회 동료들의 박수를 뒤로 한 채 화장실로 향하는 겁니다. 음습하고
냄새나는 화장실에서 뒤늦게 좋아라 웃어젖히는 '혼자만의 축하'로 자신의
범죄를 합리화합니다. 괴기스럽고 뻔뻔스러운 억지웃음은 전두광의 내면에
남겨진 인간성의 마지막 발판마저 무너뜨립니다. 이후로는 그 어떤 악행도

서슴지 않고 저지르는 '악마로 탈바꿈하는' 순간이죠. 욕망의 배설이 마치
악마를 낳는 장면처럼 보였을 겁니다. 영화감독은 자신이 연출하는 장면을
관객이 실제로 벌어지고 있는 일로 받아들이도록 '진짜처럼' 만들어야
합니다. 하지만 한편으로는 시나리오에 담긴 내용을, 어떤 역사적 정황을
감독 스스로 왜 영화화하려는지도 중요하죠. 후자가 충족되면 그 감독은
정말 미친 듯 열심히 작업하게 됩니다. 하나회의 승리로 종결된 과거의
사건은 우리 모두가 알죠. 그렇지만 현재의 관객까지 그들을 승리자로
인정할까요? 그때는 너희가 승리자였지만 역사는 너희를 영원한 패배자로
기록한 걸 알기나 해? 그날의 가슴 아픈 사건은 역사적 시간에 갇혀 있어요.
하지만 영화는 통시적 관점으로 재현하는 힘이 있습니다.

주성철 〈서울의 봄〉이라고 하는 영화를 애초에 시작한 근원적인
무의식까지 엿볼 수 있는 말이라고 생각됩니다. 그럼, 그 장면 외에 고집한 또
다른 장면은 무엇일까요.

김성수 실존 인물 정병주 특전사령관을 기초로 한 공수혁(정만식),
역시 실존 인물인 특전사 김오랑 중령에서 온 오진호 소령(정해인)이
끝까지 자신의 자리를 지키다 최후를 맞는 장면입니다. 촬영 후 편집했더니
9분여 분량이 나왔고 영화에는 2분 정도 줄어서 7분가량 들어가 있어요.
영화에서 12월 12일이 시작되는 시점부터 수많은 공간이 교차하는
병행편집으로 진행됩니다. 하지만 특전사령부 장면만은 통으로 붙여 마치
영화 속 단편영화처럼 보여주고 싶다고 했더니 우려하는 말이 많았어요.
클라이맥스로 치닫는 시퀀스에서 주인공 전두광과 이태신이 등장하지

않는 장면을 길게 넣으면 관객의 몰입이 깨질 거라고 했고, 영화가 이제껏
보여준 병행-교차편집과도 어긋난다고 했어요. 백번 지당한 얘기지만, 왠지
이 장면은 교차 몽타주가 아닌 한 덩어리의 신으로 보여주고 싶었습니다.
육군본부와 국방부가 공격당하는 장면과 묶어서 교차편집을 해볼까도
했지만, 오히려 형식의 통일성을 깨뜨리더라도 '특전사 장면'이 한 덩어리로
들어갔을 때 관객의 눈에는 '왜 이 장면이 여기에 들어갔지?' 하는 궁금증이
증폭될 거라 생각했습니다. 두 사람은 분명 핵심 주인공이 아니지만 12.12
군사반란의 최대 피해자가 정병주와 김오랑 두 분이라 생각했습니다. 저는
지금도 왜 두 사람을 향해서 같은 특전사 소속 군인들이 그토록 잔혹한
총격을 가했는지 이해할 수 없어요. 사령관실에 두 사람만 덩그러니 남았을
뿐 특전사령부 전원이 이미 투항한 상태였죠. 반란군의 승리가 거의
확정된 시점에서 그 두 사람은 반란군을 위협할 만한 저항 세력이 결코
아니었습니다. 자신들의 목적을 위해서라면 수단과 방법을 가리지 않고,
바로 전날 함께 식사까지 했던 동료이자 선배이며 자신을 이끌어준 인생의
멘토를 가차 없이 쏴버리는 하나회와 전두광의 잔악무도함이 적나라하게
드러나는 장면입니다. 12.12 군사반란의 만행을 가장 상징적으로 보여주기
때문에 7분짜리 단편영화로 그 자리에 들어간 겁니다.

주성철 후반부 모든 상황이 정리되고 난 다음, 작전실에 도착한
전두광이 양주를 단숨에 들이켜고는 화장실에 가서 마치 승리에 도취된 듯
길게 웃는 장면이 영화에서 가장 소름 끼치는 부분입니다. 시나리오에는
다른 상황들과 한데 엮여서 "오줌을 갈기며 터져 나오는 웃음을 참을
수 없다", "두광의 그로테스크한 웃음소리가 오줌발처럼 쏟아진다"라는

두 문장으로만 쓰여 있어서, 현장에서 어떻게 연출하고 황정민 배우와 소통했는지 궁금합니다. 그리고 그 웃음의 의미에 대해서도 질문하고 싶습니다.

김성수 전두광 혼자 남겨진 마지막 화장실 장면에서, 한순간에 밀물처럼 밀려드는 감정의 소용돌이를 시시각각 변화하는 얼굴로 보여주고자 했고, 황정민 배우에게 그걸 기대했죠. 찰나의 숏에 전혀 다른 감정들 사이를 능숙하게 오가는 표정 연기를 해내는 사람은 아마도 우리나라에서 황정민밖에 없다고 생각했기 때문이에요. 촬영 직전인 2021년 12월, 내가 정리한 시나리오 중 한 버전에는 다음과 같이 쓰여 있어요.

> \# 149. 화장실 / 밤
> 두광이 소변기가 기다랗게 늘어선 텅 빈 내부로 들어온다.
> 가만히 서 있다 변기 칸에 들어가는, 그 좁은 데서 사시나무
> 떨듯 떤다. 담배를 꺼내 입에 물고 라이터를 켜는데 손이
> 너무 떨려... 담뱃불을 붙이지 못할 정도다... 애써 진정하느라
> 벽을 잡고 후우, 후~ 숨을 내쉬며 눈을 감는다. 이제 서서히
> 밀려오는 희열... 좋아 죽을 것 같은 표정이었다가, 이내
> 주저앉듯 쪼그려 앉아 울먹이듯 큭큭, 큭... 그러다 찾아오는
> 비열한 승리감! 이내 또 자괴감... 뒤엉키는 복잡한 감정으로
> 두 눈동자를 희번덕거리며 미친 듯이 웃어대는, 도저히
> 웃음을 멈출 수 없는 두광의 얼굴이 그로테스크하다!

크랭크인 직전의 황정민은 전두광 역할을 홀로 매듭짓는 이 장면에서,
자신이 어떻게 연기해야 할지 아직은 잘 모르겠다고 했어요. 그래서 나는
"149 신을 맨 뒤에 찍을 테니, 그때 가서 역할을 마무리하는 감정을 본인의
해석대로 하면 된다"고 안심시켰죠. 나도 황정민도 어려운 숙제 하나를
마음에 담아두고서 촬영을 시작했다고 할 수 있어요. 마침내 이 장면을
찍게 됐을 때, 황정민은 가능한 간결하게 표현하고 싶다고 했어요. 그리고
어떻게 신을 시작할지 한참 동안 토론했고, 스태프들은 세트장 한편에서
묵묵히 기다려줬죠. 영화에서 149 신의 화장실은 은밀한 배설의 공간으로,
'탐욕스러운 전두광'이 자신이 저지른 군사반란을 합리화하면서 '인간의
거추장스러운 감정의 겉옷'을 벗어던지고 '이후 거침없는 악행을 저지르는
악마로 탈바꿈'하는, 한마디로 구역질 나는 재탄생의 공간이에요. 황정민과
나는 '아무도 없는 화장실'로 들어오면서 승리의 환호성을 터뜨리는 소리가
전두광이 프레임에 들어오는 것보다 먼저 들려오면 좋겠다고 생각했어요.
악마의 웃음소리가 진동하며 화장실로 군홧발부터 들어서는 그 장면을
황정민이 그야말로 멋지게 보여줬죠. 미친 듯이 웃어대면서 배설하는
전두광을 보면서 나는 속으로 전율했어요. 와, 이런 얼굴까지 보여주는구나!
이 연기자의 내면에 숨겨진 또 다른 얼굴은 어떤 모습일까, 하는 호기심이
발동했죠. 동시에 이런 생각도 들었어요. 앞으로도 전두광을 넘어서는
황정민의 새로운 연기를 계속 보게 될 테니, 한국 영화 관객은 얼마나
행복한가.(웃음)

주성철 마지막에 하나회 실존 인물들의 진짜 단체사진이 등장하기
전에 "찬란했던 서울의 봄은 그렇게 끝났다"는 마지막 자막이 나오고,

시나리오에는 "음악과 함께 엔드크레디트가 떠오른다"로 써 있습니다. 영화에는 〈전선을 간다〉라는 노래가 나오는데, 시나리오 단계에서는 그 곡이 표기되어 있지 않아서 선곡을 결정하지 않았던 건지 궁금합니다. 삽입곡의 가사는 시나리오 작가가 직접 쓴 것은 아니지만, 그 선택된 곡의 가사 자체가 시나리오의 일부 혹은 연장이라고 생각되기에 무척 중요한데요, "전우여 들리는가 그 성난 목소리, 전우여 보이는가 한 맺힌 눈동자"라는 후렴으로 끝나는 이 노래는 애니메이션 〈로보트 태권브이〉(1976)의 주제가를 작곡한 최창권 선생이 작곡한 곡인데, 전두환 정권 초기에 만들어진 실제 군가가 이 영화의 라스트를 장식한다는 거대한 아이러니를 갖고 있기도 합니다.

김성수 시나리오에 명시하지 않았지만, 〈서울의 봄〉을 하기로 결심한 직후 가장 먼저 결정한 곡이죠. 1983년도 가을에 입대했을 때 논산훈련소에서 저희 훈련병들에게 가르쳐 준 군가들 대부분은 고등학교 교련 시간에 제식 훈련하면서 배웠던 것들입니다. 그런데 당시 군가 중에 '신곡'이었던 〈전선을 간다〉는 처음 듣자마자 귀에 쏙 들어왔어요. 아침 행군할 땐 씩씩하게 군가처럼 불렀지만, 밤에 혼자 보초 서면서 흥얼흥얼 느리게 부르면 뭔가 적당히 애조를 띤 멜로디에 가사에 담겨진 의미도 좋았어요. 세월이 한참 지난 뒤에도 이따금 생각나는 군가여서 언젠가 영화에 꼭 사용하고 싶었지요. 이재진 음악감독과는 〈서울의 봄〉 초고를 건네주고 며칠 뒤 만났습니다. 시나리오를 진짜 좋게 읽었다면서 엄청 기뻐했어요. 그러더니 "맨 마지막 페이지에 '음악과 함께 타이틀이 올라간다'고 썼는데 그 음악은 뭔가요?" 묻더라고요. 혹시 군가 중에 〈전선을 간다〉라고 아세요? 하고 물었더니, 자기는 군가가 별로라고 하더군요. 저

역시 다른 군가는 별로지만 이건 진짜 좋은 노래라고 얘기했어요. 고개를
갸우뚱하더니 스튜디오로 올라가 유튜브로 찾아서 함께 들어봤습니다.
잠자코 듣던 음악감독의 입가에 가느다란 미소가 그어졌어요. "이 군가는
진짜 괜찮은데요!"라고 하더군요. 그 뒤 촬영을 마치고 편집에 열중하던
무렵에 이재진 감독이 스튜디오로 저를 불렀습니다. 저는 스크립터인 권항
감독과 같이 가서 처음 들었어요. 아주 느리면서도 애잔함을 가득 머금은
〈전선을 간다〉가 흘러나왔습니다. 나도 모르게 눈을 감고 깊이 빠져들었는데
어느 순간 눈가에 물기가 맺혔어요. 이유는 모르겠지만 아마도 훈련병
시절부터 수십 년 동안 제 입 안에서 맴돌던 그 구슬픈 가락과 곡조가
세상으로 당당히 나오는 순간이라는 생각이 들면서, 뭔가 묘한 감동을
받았나 봅니다. 다시 한번 이재진 음악감독님에게 진심으로 감사드립니다.

주성철 '한 맺힌 눈동자'라는 가사가 〈서울의 봄〉의 마지막 대사처럼
다가오면서, 영화가 끝나고 단체사진 속 실존 인물들이 이후 어떻게 정부
주요 요직을 차지하고, 심지어 국회의원까지 됐다는 이력이 쭉 이어집니다.
시나리오에도 그 마지막 순간의 실존 인물들이 선 굵은 박스로 처리되어
강하게 다가오더군요. 결코 잊지 말자는 결의처럼 느껴지기도 했습니다.

김성수 반란군의 기념사진 촬영으로 영화를 매듭짓는 방식은
김원국 대표가 처음부터 강력하게 원했습니다. 중간에 시나리오 작업을
하면서 여러 가지 다른 버전의 엔딩이 만들어졌고 실제로 제11대 대통령
취임식을 보여주는 다른 엔딩을 촬영했지만, 결국에는 처음 버전으로
돌아갔습니다. 엔드크레디트가 올라가며 1979년도 오리지널 사진을 위에

띄우는 건 개봉 날짜가 정해질 무렵 고심한 끝에 넣기로 결정되었습니다.
어쨌건 그 기념사진은 그들에겐 영광스러운 승리를 기록하는 순간이었죠.
얼마나 자랑스럽고 기분 좋게 찍었겠어요. 전두광이 맨 앞에서 자리 지정을
해주는 걸 보면, 하룻밤 사이에 그가 늑대 무리의 왕으로 등극했음을
잘 보여줍니다. 반란을 성공시킨 대가로 한 자리씩 꿰차고 앉아 평생을
호사스럽게 살아온 각자의 이력을 당당하게 나열합니다. 그분들의
자랑스러운 인생을 거꾸로 역사의 심판대에 사진 액자처럼 올려두고
싶었죠. 실컷 더 뽐내보라구요. 영화적 해석의 힘을 빌려 가치를 전복시키려
한 겁니다. 누군가는 정지된 얼굴이 마치 현상수배 전단처럼 보였다고
하더군요. 한 명씩 뜰 때마다 쾅쾅 총알이 박히는 사운드 같다고도 했어요.
음악감독이 〈March for Power〉라는 곡명을 붙였는데, 권력을 향하여
끊임없이 행진하던 자들은 권력을 쟁취했건 못 했건 결국 최종 목적지는
자신들의 무덤일 겁니다. 제 귀에는 그 음악이 탐욕에 찬 삶을 끝내고 길게
누운 자들의 관에 쾅쾅 못을 박는 소리로 들렸습니다. 아귀(餓鬼)들이여~
용서받지 못한 자들이여! 합장.

신군부는 대한민국을 송두리째 삼켰다.

찬란했던 '서울의 봄'은 그렇게 끝났다.

서울의 봄 각본집

초판 1쇄 인쇄 2024년 11월 6일
초판 1쇄 발행 2024년 11월 22일

지은이   김성수

책임편집   안희주
디자인   studio forb
책임마케팅   김서연, 김예진, 김소희, 김찬빈, 박상은, 이서윤, 최혜연, 노진현,
              최지현, 최정연, 조형한, 김가현, 황정아
마케팅   최혜령
경영지원   백선희, 권영환, 이기경
제작   제이오

펴낸이   서현동
펴낸곳   ㈜오팬하우스
출판등록   2024년 5월 16일 제2024-000141호
주소   서울특별시 강남구 테헤란로 419, 11층 (삼성동, 강남파이낸스플라자)
이메일   info@ofh.co.kr

ⓒ 김성수
ISBN 979-11-94293-33-0 (03680)

스튜디오오드리는 ㈜오팬하우스의 출판브랜드입니다.

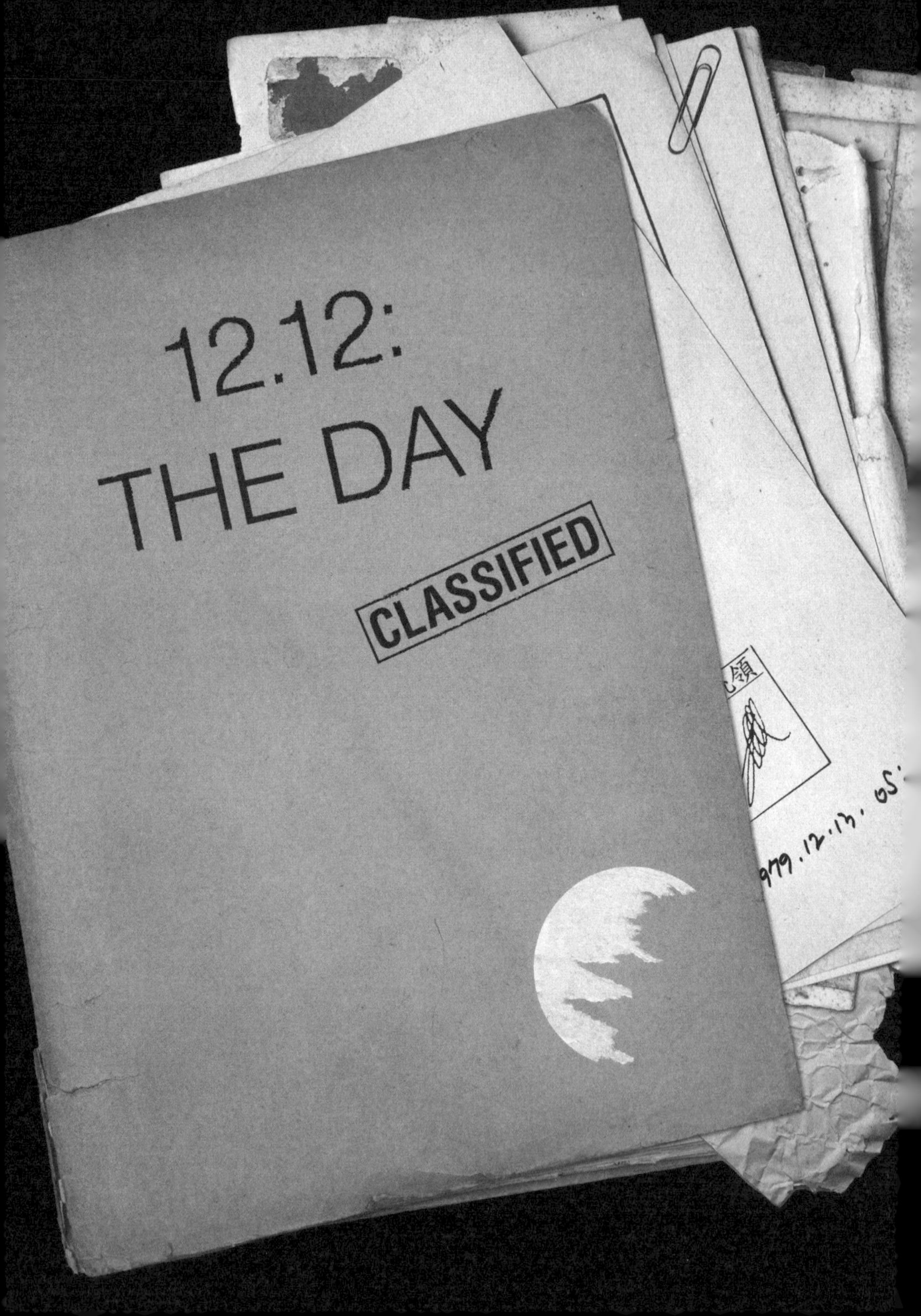
12.12:
THE DAY
CLASSIFIED